シャ

フ

ルターニュで見つけた

お

ない豊かな暮らし

大和書房

はじめに

フランスの田舎暮らしと聞いて、どんなことをイメージするでしょうか。
石造りの古い家は、ドアを開けると明るく鮮やかな色のペンキで塗られた空間が広がり、庭では自分で育てたハーブや花が豊かな香りと共に咲き乱れる。その中から一輪のバラを選び、サロン（リビング）に置いたクリスタルの容器にさりげなく挿し入れる。食事は地元のマルシェで求めた新鮮な食材を使い、仕上げは庭からとってきたハーブで飾る。こんな暮らし、あるわけないと思いますか？

ところが、実現できるのです。

私は日本人ですが、仕事で知り合ったフランス人と結婚し、ほぼ30年になります。二人とも既に年金を受け取っているリタイア組です。

働くのが嫌いなフランス人であるところの我が夫は、海と田舎暮らしが好きな自営業者でした。そして、リタイアする前からここブルターニュの田舎に家を求めました。基本的に残業のないフランスでは、早くからリタイア後の生活に思いを馳せる人も多く、ブルターニュはそんな人々を惹きつける場所となっています。

「田舎暮らしはまだ早いかな……？」とも思いましたが、結果は大正解。こちらの暮らしはペースものんびり。庭の植物や周りの自然豊かな環境に、1年中癒やされています。

パリと比べたら物価は安いし、なにより都会とは生活のリズムが違います。日常を楽しめる余裕があります。金銭的な贅沢とは無縁ですが、精神的に豊かに暮らすことができるのです。

フランス語には「アート・ド・ヴィーヴル（Art de Vivre）」という言葉があります。日本語にすると「暮らしの美学」。誰もが日常の暮らしの中で、アート・ディレクターになれる。そんな風に私は理解しています。

庭にどんな花を植えるのか。今日のメインをどんなお皿に盛るか。サロンにはどんな絵を飾るのがふさわしいか。それらはすべて自分の感性で決まります。

この本で紹介するのは、フランスの田舎で暮らす私なりのアート・ド・ヴィーヴルです。日本とはちょっと違う、そして同じフランスでもパリとは違う、ここブルターニュに暮らす私なりの暮らしの美学を「食」「住」「暮らし」「家族」の4つに分けて書いてみました。

フランスは基本的に個人主義の国です。世間の思惑とか、他人がどう思うかに左右されることなく、自分の思い通りに行動できます。これは、自分なりの暮らしの美学にこだわりやすい点かもしれません。とはいえ、私が追求しているのは、日常のごくつつましいことばかりです。

だからこそ、日本にいる皆さんのお役に立てるのではないかとも思います。

この本から、皆さんそれぞれの暮らしの美学のヒントを一つでも得ていただけたら、とても幸せです。

CONTENTS

1章 手間もお金もかけずに美味しい食事

CONTENTS

2章 絶対に妥協しない「家づくり」

CONTENTS

3章

スローライフを楽しむ田舎暮らし

CONTENTS

4章 フランス流、距離感の上手な家族作法

1章——食

手間もお金もかけずに美味しい食事

マルシェは地元の特徴を楽しむ

フランスの田舎に暮らして、マルシェ（le marché）に行くのがとても楽しみになりました。マルシェは田舎や都市を問わずフランス中で開かれていますが、日本語にすると露天市場でしょうか。毎週決まった曜日に決まったところで開かれます。

私がほぼ毎週利用しているのは、我が家から10キロほど西に行ったところにあるジョスラン（Josselin）という小さな町で、毎土曜日に開かれるマルシェです。ここは中規模ですが、気に入っているお店があるのと、駐車場が広く、多少遅く行っても比較的楽に車を停められるのがポイントです。

近隣で作っている野菜を売る店、魚、肉、鶏肉、チーズ、蜂蜜などなど……それぞれの専門店が出ています。牧場直販の手作りバターやヨーグルト、有機小麦粉やそれを使った手作りパン。食品に限らず、洋服や植物の苗も売っています。大きなマルシェでは、アクセサリーを売っている店や、キッチン用品から雑貨を扱う店、花屋さんなどバラエティに富んだ店が並びます。

マルシェの魅力は、新鮮さはもちろんですが、色々な面でその場所や土地の特徴が出る点にあります。例えばブルターニュなら、魚屋とは別に牡蠣《かき》や貝だけを売る店があるし、その場でクレープやガレットを焼いてくれる店もあります。

マルシェでの買い物は、スーパーマーケットを利用するより多少高くつきますが、それでも全国的にマルシェが盛んなのは、人々が食や地元を大切に思い、こだわっているからです。四季折々、旬の新鮮なものが手に入るし、何より作り手の顔が見えます。少し贅沢ですが、高い分、無駄にすることもないので、日々の暮らしの潤いの必要経費だと思っています。

マルシェに行くなら朝イチか終わり間際

マルシェは、場所によっては午後から開かれる例外もありますが、一般的には朝の7時半頃始まり、正午に終了のサイレンが鳴ります。14時までにはきれいに掃除も終わって元通りの道になるので、そこに市が立っていたことなど想像もつきません。

私は通常9時過ぎに行きます。10時半を過ぎると、特にバカンスシーズンは観光客も多く混み合います。逆に、開いたばかりの早い時間は地元の人が多く、人気のお店にはいつも列ができています。でも、9時くらいであれば、比較的短い列ですむし、思い通りのものを手に入れられます。早起きは三文の徳、といったところでしょうか。

特に目当てを決めず、あるものでいいと思うなら、終了間際に行くのも一手です。お店としても売り切ってしまいたい残り物を安くしてくれたり、おまけしてくれたりするからです。あまり余計にもらって食べきれないのも困りますが、馴染みのお店でそんな好意を受けると、ちょっと嬉しくな

地元の人は、たいてい観光客が来る前の時間で買い物をすませます。

ります。

顔馴染みの店で買うから楽しい

フランスではみなそれぞれに通い慣れたマルシェがあり、決まった店で決まった種類の買い物をします。マルシェの規模によりますが、八百屋も肉屋も魚屋も何軒かある中で、贔屓《ひいき》の店を持っています。どこを選ぶかは、まず品質、次が値段です。友達から勧められる場合もありますが、食べるものには好みがありますもの。私の場合はたいてい自分で何軒か見たり試したりして選びます。

慣れるといつも同じ店で買うので、お店の人とは顔見知りになります。「ボンジュール」の挨拶から始まり、「調子はどう？ 今日はぐっと冷えるね」とか「暑くなりそうだね」といったお決まりの天気の話が続きます。と、このくらいで終わればいいのですが、後ろの列を気にすることなく、近況を話し合う人も。こうなったら諦めが肝心、イライラせず待つのみです。面白い世間話を聞けることもあります。田舎ならではの悠長さで、時間に追われがちな都会にはないものかもしれません。

レシピを教えてもらうこともあります。

以前住んでいたところで通っていたマルシェで、自分の農場の放し飼いの鶏やその卵、時に鴨肉やウサギ肉を売っている店がありました。そこの女主人は、最初から私のつたないフランス語に根気よく付き合ってくれた気《き》っ風《ぷ》のいい人でした。品質がいいのはもちろん、私はそんな彼女も頼りに贔屓にしていました。

ある日、いつもは鶏を一羽買うところ、ふとウサギ肉が目に入りました。ウサギ肉は鶏肉のようにさっぱりした白身で癖がないのですが、そういえば、自分で料理したことはありませんでした。今までレストランで食べたことはあっても、実際にどう調理したらよいか知りませんでした。

そこで、彼女にレシピを聞いてみました。彼女が教えてくれたのは「ウサギ肉のマスタード煮込み、ラパン・ア・ラ・ムータルド（lapin à la moutarde）」。大きな蠟引きの包み紙の裏に太くて青いマジックペンで材料と作り方をサラサラと書いてくれました。その時の紙は、今も私のレシピ帳に挟んであります。

材料は、適度に切り分けたウサギ肉、刻んだエシャロット、短冊に切ったラルドン・フュメ（厚みのあるベーコン）、マッシュルーム。そして、フランス語でムータルド・アンシェンヌ（moutarde ancienne）、昔風マスタードと表現する粒マスタード。

ココット鍋にバターを溶かし、材料を入れて炒め、蓋をして15分ほど弱火で煮ます。その後、粒入りマスタードが肉に十分絡むくらい入れて混ぜ、今度は約1時間弱火で煮ます。最後に生クリームを入れて1分ほど煮れば出来上がり。ちなみに、マスタードは入れ過ぎると酸味が強くなるので気を付けます。

今もウサギ肉と言えば、これが我が家の定番料理です。マスタードが香り、生クリームが味に程よい丸みを出してくれます。ソースにはすべての素材から出たうまみが詰まっています。これを茹でた幅広のタリアテッレに絡めて食べるのがおすすめです。

このように、素材からレシピまで手に入るのも田舎のマルシェならではです。

ウサギ肉のマスタード煮込み。このテーブルセッティングは息子が無頓着に置いたのをうっかりそのままに。正式にはこれだとイギリス式で、フランス式はフォークの先が下向きで裏側が見えなければなりません。

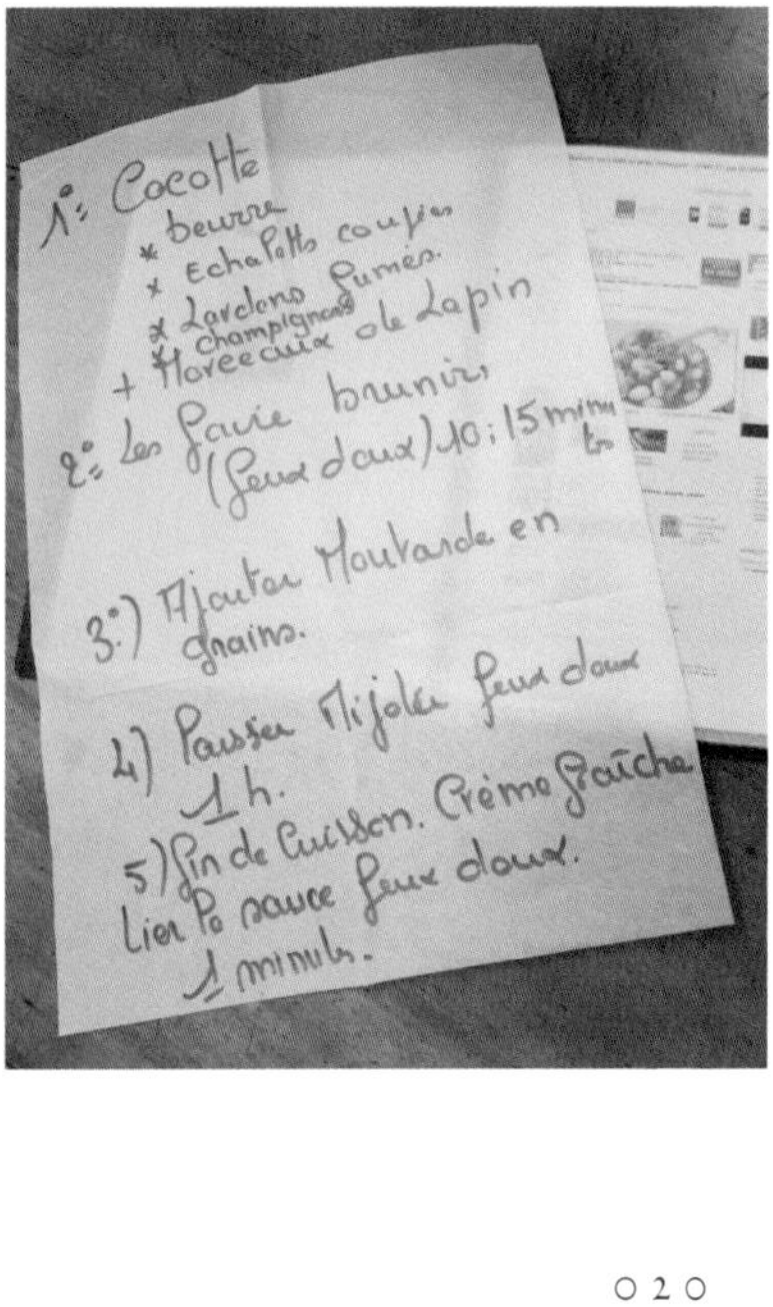
1°: Cocotte
beurre
Echalotts coupées
Lardons fumés
champignons
Morceaux de Lapin
2°: Les faire brunir
(feux doux) 10; 15 min
3°) Ajouter Moutarde en grains.
4) Laisser Mijoter feux doux
1h.
5) Fin de Cuisson. Crème fraîche
Lier la sauce feux doux.
1 minute.

マルシェの女主人が、蠟引きの包み紙に書いてくれたレシピ。今も私のレシピ帳に挟んで使っています。

ブルターニュ発祥のガレットを常備する

昔、ブルターニュは海岸線を除いて、内陸部はうっそうとした森におおわれていました。ブルターニュ地域圏の中にフィニステール（Finistère）という県名がありますが、その意味は「地の果て」。中心のパリから見て、ここはまさに辺境の地でした。

森の多い土地では平地で草を食む牛は多く飼えず、少ない牛の乳はバターにするのが精一杯でした。農作物も、狭い耕作地のうえに土地も痩せていたので、荒れ地でも育つジャガイモとそばが中心に作られていました。こうして生まれたのがブルターニュ発祥のそば粉を使ったガレットです。

そうです。実はクレープもガレットも、ここブルターニュが発祥の地なのです。

フランス語で「そば粉」のことは「サラザン（sarrasin）」とか、あるいは黒い小麦という意味の「ブレ・ノワール（blé noir）」と言います。この粉で作ったものが、黒っぽい焼き上がりのガレットになります。

以前、ブルターニュ生まれの義母に叱られたことがあります。ガレットをおやつ感覚で、ジャムを塗って食べようとした時でした。「ブルターニュでは絶対にしないわ。ガレットを甘くして食べてはだめなのよ」と、頑として言われました。なぜならガレットは昔からお菓子ではなく、メインの食事扱いだったからです。今でも一般的に家庭では、ガレットにハムや目玉焼きをのせたり、ソシッス（saucisse）と呼ばれる太めのソーセージを焼いたものと一緒に食べたりします。

フランスでは、クレープもガレットも同じお店で売られていますが、やはりガレットはメイン扱い。甘いのはクレープと決まっています。クレープリー（クレープとガレット専門に提供する食堂）には、ガレットに、定番のハムと卵に溶けるチーズ、その他スモークサーモンやサラダ、生ハムなどを入れたものがあります。また、ブルターニュ特有の豚肉の内臓を使った加工品で、薄く切って食べるアンドゥイユ入りもあります。これらに各種ソースが入ったものなど、食欲をそそるバラエティに富んだメニューが工夫されています。ランチならこれで十分。どれも飽きない美味しさです。

そして、太いソーセージを巻いたガレット・ソシッスは、定番のお手軽ブルターニュ風ファストフードでもあります。マルシェでも、野外で行われる催し物の会場でも、クレープやガレットを焼く屋台が必ず出ていて、ソーセージもその場で焼いてガレットでくるくると巻いてくれます。

日本でいえば、コンビニでおにぎりや菓子パンを買う感覚で、値段は一つ4・5ユーロほどです。円に換算すると少し高めの印象ですが、600円前後になるでしょうか。小腹がすいた時など便利で、アイスクリームのコーンのように外側に紙を巻いてくれるので、歩きながら手軽に食べられます。

単純な材料だから奥深い

ところでこのクレープとガレット、ブルターニュ生まれの60歳前後の人なら、たいていが男女を問わず自分で焼けます。でも、生地を均等にのばし、丸いハンカチのように薄く美しく焼き上げるのは、誰でも簡単にできるわけではありません。

クレープもガレットも材料自体は単純です。だからこそ、少しの違いで味に大きな差も出ます。どんな品質の小麦粉、そば粉を使うか。クレープなら水と牛乳、クリームも入れるか入れないか。ガレットだとそば粉と小麦粉の割合や、塩を入れるか入れないか。その配合は、店やそれぞれの家庭によって違います。

きれいに焼くためには道具を揃える必要もあります。クレープ専用のガス台に載せる円形の専用鉄板。鉄板の隅まで均等に生地を広げるための器具。焼き上がる寸前の生地をひっくり返すためのヘラ。これらを使わずフライパンで手軽に焼く人もいますが、小ぶりで凹凸も多くなってしまいます。

そのため、クレープやガレットをお客様に商品として提供できるようになるまでには、訓練と時間が必要です。実際、ブルターニュには職業訓練で焼き方を教えるコースもあるし、フランスで唯一の専門学校もあるほどです。

冷蔵庫にあればすぐご飯に

ガレットを甘くしてはいけないと主張する義母から、こんな話も聞きました。

彼女の祖母にあたる人は、刈り取りなどの大掛かりな農作業の時、手伝いの人たちに小麦のクレープを振る舞ったそうです。ガレットでなくてクレープなのは、当時は小麦も甘味も贅沢品だったから。こういう場合、みんなが好きなだけ食べられるように、生地を焼く専門の職人さんに出張を頼むのが普通だったと言っていました。

今ではパン屋やスーパーマーケットで、クレープ屋さんが焼いた生地を手軽に買うことができます。ブルターニュに住んでいても、私のように焼き方を知らない人もいますから、それはとてもありがたく便利です。

パリでも出来合いを売っていますが、あちらはプラスチック容器に入った保存料入り。ここのは4枚か6枚1組で、1枚1枚4つ折りになったものがビニールに入って売られています。余計な添加物はなしですから、保存期間は冷蔵庫で5日が限度です。

買ってきたガレットもクレープの生地も、バターを敷いたフライパンで温めなおし、好きな物を載せたり塗ったりして食べます。値段は1枚60から80サンチーム（日

太めのソーセージを巻いたガレット・ソシッスは歩き食べにぴったり。

本円にしておおよそ100円前後）です。我が家は一人1枚ずつ食べれば十分。冷蔵庫に常備しておけば主食にもおやつにもなり、簡単で美味しく、経済的で重宝します。

近年、パーティ会場などに直接クレープとガレットを焼く専門の職人さんを呼んで、焼き立てを提供する事例が増えているとニュースで紹介していました。招待客はお皿の上に焼き立てのガレットやクレープを乗せてもらい、テーブルでゆっくり食べられます。お代わりも自由です。この方法、大変安上がりでいながらみんなが喜んでくれると見直されているようです。

アントレ、メイン、デザートの食事は週一回

我が家には27歳になる一人息子がいますが、彼がまだ小学生だった頃のことです。毎週月曜日、学校の掲示板にその週の給食の献立が貼り出されていました。それを見て「さすがフランスだな」と思ったことがあります。アントレ（前菜）があって、次にメインの料理、そしてデザート。毎回この3種類が、それぞれ書かれていたのです。フランスの食事におけるこの原則は、学校の給食から社員食堂、レストランはもちろん、家庭でも守られています。

40年ぐらい前の、旅行中のパリでの出来事です。パリジャンが普通に昼食を食べに行くちょっと人気のレストランで、日本人には量が多いのでアントレを抜きにいきなりメインを頼んだら断られたことがありました。ベテランのウエイトレスのおばさんに、「それはできない」と怖い目で睨まれました。旅行者で言葉がよくわからないなんて関係なく、当時は容赦なくフランスの食事形式を求められました。

フランスでは、アントレが終わったらその皿を一度下げ、その後にメインが出てきます。メインが終わらないとデザートは出てきません。日本と違って頼んだ料理がいっぺんに出てくることはありません。しかもフランス人は食事中もよくしゃべるので、一皿終えるのに時間がかかります。だから食事を終えるまでにはある程度の時間が必要です。

その頃、パリの職場の昼休みは2時間ぐらいあったのではないでしょうか。レストランのほか、パン屋が13時まで開いていたのと、アラブ系の人がやっている小さな雑貨屋以外、昼は例外なく閉まっていました。

それが時代の移り変わりと共に、フランスでも昼休みの時間が短く、日本同様に1時間程になりました。田舎だと昼に閉めるところもまだありますが、今はそのほうが少数派になってきました。

また、現代の一般的なレストランなら昼食時でも原則通り三つ頼めるのはもちろんですが、アントレとメインだけ、あるいはメインとデザートだけの組み合わせも可能になっています。それぞれ2、3種類の献立から選べます。

これは家庭でも同様です。共働きが普通の現代、原則にのっとってアントレ、メイン、デザートを毎食作る時間はありません。スーパーマーケットに行くと分かりますが、冷凍食品や半調理品のバラエティがどんどん増えています。以前なら自家製が多かったデザートも、出来合いでカップに入ったムース・オ・ショコラなどそのまま食べられる個別のものがたくさんあります。こうしたもので時短をしつつ、アントレは端折っても、最低限メインとデザートの習慣は持ちこたえたい。そんな感じがします。

変わりつつある習慣と原則のせめぎ合い

我が家では、たいていメインとサラダの2品を作ります。野菜はメイン料理の中に入っているか、別に添えることもありますが、大きめのボウルにサラダを作れば、野菜がさらに摂れます。これをアントレにしてもいいし、メインと

義母の得意だったアントレ、卵のミモザ。
この日は特別でマスの卵をのせています。

一緒でも、後者ならデザート代わり（？）に食べてもいいので便利です。普段の食事であまり原則にとらわれないのは、私が日本人だからというわけではなく、夫であるオリヴィエがこだわらないからです。フランス人一般にみられる傾向ですが、彼は規則に縛られるのが大嫌い。必ずしもテーブルについて食べなくても平気なくらいです。ただし、普段はいい加減な我が家も、日曜日の昼食や友人を招いた時は、必ず原則にのっとった献立にします。日曜日の昼食が特別なのは、以前は日曜日は家族で教会のミサに行き、帰ってから全員でゆっくり昼食をとるのが習慣だったからです。昨今では、日曜に必ず教会のミサに行くという人は少数派ですが、昼食を大切にするのはその名残です。

今では社会的にも家庭でも食事形式の原則は揺らいできているのが実情ですが、ひとたび人を招いた時や特別な日の食事は、きっちり原則に従っています。それは、高級レストランはもちろん、時間が許せば家庭でもレストランでもどういう所であれ同様です。特に学校の給食は、食文化の継承という意味からも原則を崩すことはありません。

義母はよく、アントレに卵のミモザを作っていました（前ページ写真）。

固茹でにした卵を半分に切り、黄身を濾《こ》してマヨネーズで和え、塩と胡椒で味を調えます。黄身を取り出したあとの白身の窪みにそれを入れ、上に刻みパセリを散らして色を添えると出来上がり。

単純ですが、卵はしっかり固茹でにしないとミモザの花のように綺麗な細かい粒粒になりません。さらにマヨネーズを入れて混ぜる時、黄身のふわふわした触感を残すよう、優しく混ぜるのもコツです。

材料費が安いし、手軽で見栄えもいいので、私も時々これを作ります。丸い大きなグレー地の、日本から持ってきた焼き物のお皿に盛ると、黄色と卵の白い縁取りにパセリの緑が映え、とてもきれいに見えて喜ばれます。

ゲランドの塩で食卓をランクアップ

ブルターニュに住むようになってから、料理には「ゲランド産」の塩しか使わなくなりました。「ゲランド（Guérande）」は地名ですが、古いブルトン語に由来しています。ブルトン語とは、ブルターニュ地方独自の言語で、日本的に言うなら方言の一種です。食卓塩、調理に使う塩、粗塩、ドレッシングを作る時に使っているハーブ入りの塩……我が家ではこれらすべてがゲランド産です。

この塩、今でこそ日本でも手に入りますが、以前は広く流通していませんでした。化学生成された塩化ナトリウムの塩とは色も味も違い、天日干しされた灰色っぽい、自然のままの海の塩です。

料理の味は使う塩の品質、種類によって変わってきます。実際、ブルターニュで暮らし、ゲランドの塩を使って料理をするようになってからは、腕が一段上がったような気がしています。ツンとした塩辛さが一切なく、ちょうどいい丸みのある味になるからです。

ゲランドの粗塩を初めて買った時、試しに舐めてみたことがあります。塩辛さの中にコクと甘さと言っていい味を感じて驚きました。

調べたら、それは塩分以外のミネラルに由来するものだと分かりました。自然に天日で干した海の塩には、塩化物、ナトリウム以外に、マグネシウム、鉄分、亜鉛、銅、カリウム、カルシウムなど、多種のミネラル分が豊富に入っています。それらが、ただ塩辛いだけでない優しい味を引き出してくれるのでした。

塩だけで料理が完成する美味しさ

ゲランドの塩は、今でも昔ながらの職人的手法で作られています。その中で最も肝心なのが、塩田の管理です。畑となる塩田に海水を入れたり止めたりする作業や、その手入れもとても大事。塩田は、職人の経験とそれにのっとった緻密な計算の上に成り立っています。

塩田に入れた海水の塩分を結晶にするのは太陽と風の仕事で自然任せですが、収穫は機械ではなく人の手で、晴天に恵まれる6月から9月にかけて行われます。

そのため、生産量は自然条件に大きく左右されます。雨の多い年は思うように乾かせないので収穫量が減ることも。大量生産とは程遠いのも、今では魅力です。それでも現在は3年分の収穫を貯蔵しておける塩蔵があるので、安定した塩の供給ができるようになり、日本でも手に入るようになったというわけです。

ゲランドの塩の種類には、まずフランス語だとグロ・セル（gros sel）と呼ばれる粗塩があります。大きな粒で色は灰色。蟹や海老、野菜、パスタを茹でる時は必ずこれを使います。ポトフを食べる時も、この塩が欠かせません。

そして、上澄み部分から採る、結晶の細かい真っ白なフルール・ド・セル（fleur de sel）。「塩の花」と呼ばれるものがあります。純度が高い分、収穫量は少なく、粗塩の10分の1から20分の1しか採れない高級品です。レストランのメニューに、わざわざこの塩を使っていることをアピールすることもあるほどです。そのため、普段の調理や食卓塩は、粗塩を砕いたものが使われます。

うちでは普通の粗塩を砕いたものに加え、フルール・ド・セルも食卓塩や調理に使っています。ただし、後者は前者と比べたら2倍ほどの値段になるので、主に肉や魚をそのまま焼く時、テーブル上で少し料理に塩気を足したい時に使っています。

地元産のゲランドの塩は、もちろん普及品に比べれば多少割高ですが、我が家の料理には欠かせません。

日本でもお醤油やみりん、味噌などの調味料を選ぶ際、高くても本物にこだわる人が多いようですが、それと同じです。フランス料理に欠かせない基本の調味料である塩。食にうるさいフランス人なら、みなその質にこだわっています。

ジャガイモは7品種を使い分ける

フランスでは米は主食でなく、付け合わせになります。日本とは米の種類も違いますが、調理の仕方も違います。米は熱湯に入れ、塩を振り、バターを一片落として中火にかけます。芯まで軟らかくなったらザルに開け、お湯を切ってできあがり。ですから「炊く」のではなく「煮る」、あるいは「茹でる」のです。そしてメイン料理に添えて、ソースと絡めて食べたりします。

では主食は何かというと、これは絶対パンです。アジア系レストランではさすがに出てきませんが、一般家庭ならアジア風の献立でも必ずパンがテーブル上に置かれます。どんな場合でも食事にパンは欠かせません。

そして、パンに次ぐ頻度でよく食べられ、好まれるのがジャガイモです。どこの家の冷凍庫を開けても、何らかのジャガイモの冷凍食品が入っています。ジャガイモは主食にも付け合わせにもなる、フランスでは人気の万能選手です。

夫の両親の食事にも、ジャガイモはよく登場しました。義母はブルターニュ生まれですから「ブルターニュ人のジャガイモ好き」を喧伝していました。フランス人一般にジャガイモは好まれていますが、確かにここブルターニュでは、パンに代わるほどの人気と言っても過言ではありません。

義母の料理には、ステーキやロースト・チキンに必ずジャガイモがお供に出てきました。フランス語だとフリット（frites）というフライドポテトの時もあれば、肉と一緒にローストされていることもありました。

なかでも一番よく登場したのが、ジャガイモを丸ごと水から茹で、そのまま熱々を食べるものでした。湯を切った鍋をそのままテーブルに置き、銘々が直接ジャガイモを自分の皿に取り、皮をむいて一口大に切るかフォークで潰し、そこにバターを一塊落とし、塩、胡椒を振って食べます。料理によってはソースを絡ませるので、バターのほかに味を調える必要はありません。

私はジャガイモの皮にナイフで切れ目を入れ、さっと手でむいてしまいますが、夫は皮ごと食べます。うちの畑で採れたジャガイモか有機栽培の物なので安心だし、皮をむかないほうが美味しいと、いかにも味覚優先のフランス人です。

水から茹でる方法は、ジャガイモそのものの味がよくわかります。芯まで軟らかく茹でるには一定の時間をかけなければなりませんが、実に手軽で簡単です。うっかり作り過ぎても冷蔵庫で数日持つので、後日残りをスライスしソテーすれば、付け合わせに用いることができます。また、他に残っていたチーズやハムを入れてオーブン焼きにすれば、手間なく立派な一品になります。

買う時は調理方法で注文

私自身、日本ではカレーや肉じゃが、ポテトサラダなど、様々な料理でジャガイモを使っていましたが、男爵イモさえあれば何でも作れたと思います。でも、ブルターニュに暮らすようになり、自分で菜園に植え付けるようにもなって、初めてジャガイモに様々な品種があり、品種によって最適な調理法があるのを知りました。

ここでは、一般的に7〜8種類もの品種が流通しています。スーパーマーケットでは、一般に1キロ単位の網袋に入って売られています。ラベルにはジャガイモの品種ではなく、どんな調理に適したものかが表記されています。ソテーしても美味しい水煮向き、マッシュポテト用、フリット用と様々。みんなこのラベルを見て購入します。

一方、マルシェの八百屋では5キロ入りの大容量もあるし、ばら売りもあります。でも調理法の表示はありません。ジャガイモの見た目はどれもみな同じようなので、自分で選ぶのは無理。使い道を言って、それに適した品種のジャガイモを選んでもらいます。例えばフリットにしたいと言えば、マルシェの八百屋の店主が、10センチもあろうかという大きなものばかり選んでくれます。

我が家は茹でて食べることが多いため、それに適した品種のジャガイモを買っており、ある日、そのジャガイモでマッシュポテトを作ってみました。結果は、べとべとになってしまい大失敗。茹でて美味しいジャガイモは粘り気のあるほうがいいのですが、これをマッシュポテトにすると、その性質が邪魔をして美味しくできません。

マッシュポテトにはホクホクした粉質のジャガイモが向いています。が、これを作るのにわざわざジャガイモから買う人は、フランス人でも少ないかもしれません。時短にもなるし、後片付けも楽なので、インスタントの粉状の箱入りを使うことがほとんどです。

フリットの場合は、冷凍物が絶対的に手軽で便利です。少し太めのものから細いものなどたくさんの種類が売られているので、好みで選べます。

でも、気持ちに余裕のある日曜日の昼食だと、たまに生のジャガイモから作ることもあります。

この場合、マルシェでフリット用と頼んで大きなジャガイモを6個ほど選んでもらいます。皮をむき、縦に5ミリから1センチほどの好みの厚さにスライスし、それを棒状に切ります。最初は150度の低い温度の油で、ゆっくり中まで火が通るように揚げます。全体が白く透き通れば大丈夫。油から引き上げて冷ましておきます。ここまで時間がある時に準備しておけば、後は食べる直前に180度の高温で、表面がきつね色でカリッとなるよう二度揚げするだけ。油を切って塩を振れば、熱々の美味しいフリットが食べられます。味の良さは冷凍ものとは比べ物になりません。

使った油は、フリット専用の蓋つき鍋に入れっぱなしで、普通に戸棚の中にしまっておきます。油が古くなったら全部、庭の焚き火用の場所にばっと捨て、鍋を洗って新しい油を入れるだけ。日本の揚げ油の処理より楽です。

でも、ジャガイモを同じような大きさに切り揃え、二度揚げする手間と時間がかかるので、冷凍食品のほうがはるかにラク。それに、冷凍物は通常、夫や息子が揚げる担当なので、私はテーブルに座って待つだけでいいというのもあります。家族は自家製フリットを

自家製のジャガイモのフリットは二度揚げでカリッと仕上げます。3人分をいっぺんに揚げるのは多過ぎるので、いつも2回に分けて揚げます。

ジャガイモのフリットを付け合わせにしたこの日のメインは、ちょっと贅沢に炭火で焼いた牛肉のアントルコート（entrecôtes）。骨付き肉なので、食べ終えたら骨は犬にあげます。犬も大好物のメニューです。

毎回期待しますが、私は「たまに」で十分です。

ちなみに、我が家の菜園に植える種芋は、茹でて美味しいジャガイモです。

特に気に入っているのが、粘り気のある、ほっこりした食感になる「ニコラ」と「モナリザ」という品種です。

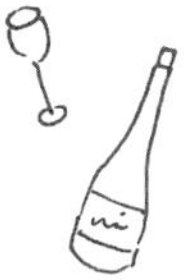

朝食はバゲットにこだわる

我が家の特殊事情により、私の朝食は夫のオリヴィエと一緒でなく、時間をずらして別々に食べます。息子は家にいても朝が遅いので当然別ですが、夫とは意識してずらしています。とにかく彼は朝起きた時の機嫌が超悪い。うっかり何か話しかけようものなら、鋭い皮肉交じりの答えが返ってくるか、今は話しかけるなとでも言いたげな不機嫌そうな顔を向けられるだけ。だから、触らぬ神に祟りなしなのです。

フランスの朝食は、一般にとてもシンプルです。日本の朝食のように野菜や卵料理など、調理することはゼロ。夫婦別々でも何の不都合もありません。

義理の両親も、朝食は別々にとっていました。理由は二人の睡眠習慣が違っていたためです。こういう話をすると日本の友人には驚かれますが、私たちにとっては、単にそれぞれが過ごしやすいように選択しているだけです。これも、「個」のスタイルを尊重するフランス人ゆえかもしれません。少なくとも、無理をしてまで他に合わせることがないのは

メインのバゲット以外にも使う粉の違いによって
様々な味、形のパンがあります。

確かです。

朝食にかける時間は15分

一般的なフランス人の朝食がどういうものかというと、コーヒーか紅茶と、もちろんパン。これは、おおよそバゲット（baguette）と呼ばれる種類の細長いパンが大半を占めます。

朝に買ったものならそのまま、1日たっていたら焼いて、どちらもバターを塗って食べます。ジャムや蜂蜜を塗ることもあります。シリアルやヨーグルトの人もいます。あとはフルーツジュースか牛乳。うちは果物を常備していて、ニンジンと混ぜて生ジュースにすることが多いですが、朝食で生のフルーツは食べません。

オリヴィエは朝しっかり食べるほうなので、パンにハムやチーズをプラスしますが、サラダを添えることもないし、卵も普通は食べません。子供たちも同様で、シリアルに牛乳、後はパンにジャムやチョコレートクリームを塗ったものなどを食べるだけです。

以前は、フランス人の朝食はクロワッサン（croissant）というイメージがあったのですが、こちらに住むようになってからそんなこともないと知りました。パリのカフェやホテルの朝食なら、クロワッサンやパン・オ・ショコラ（pain au chocolat）が出ますが、むしろ家で朝食をとる時間がない時などに、パン屋さんでクロワッ

左はトラディション。

右はブッショロンと呼ぶライ麦入りのパン。

サンを買ってかじるのが実情で、現実のフランス人の朝食は、15分程度で終了。おしゃれなイメージとはほど遠いものです。

朝の爽やかな空気の中でジョギングをしたり、森に犬の散歩に出かけたりするなんてことができるのは、時間に制約のない私たちリタイア組の特権です。とはいえ、朝食を豪華にしようなんて気持ちにはならず、かかる時間もメニューも同じようなものです。

美味しいバゲットのためならどこまでも

フランス人の食卓にパンは欠かせませんから、パンについてこだわりがあるのは当然です。歩いて行ける距離に美味しいパン屋があれば、毎朝でも焼きたてを買いに行きますが、いくら近くてもそこのパンが気に入らなければ行きません。我が家も比較的近くに1軒パン屋があるものの好みではないので、いつも10キロほど先の町まで、オリヴィエが車で買いに行きます。

大抵の人が毎日買うのはバゲットです。バゲットでも軟らかめのものとバゲット・トラディションという、2022年末にユネスコの無形文化遺産にもなった歯ごたえのあるものがあります。軟らかめのバゲットは焼きたてが一番美味しく、トラディション（tradition）は焼きたても、後日焼いて食べても美味しく食べられます。

また、パリでは毎年、このトラディションのコンテストがあり、優勝したパン屋は一年間、大統領の住むエリゼ宮にパンを入れる栄誉を得ます。その年以降、一般のお客さんもみな買いにくるのでお店は繁盛します。

甘味のあるものだと、ブリオッシュ、パン・オ・ショコラ、杏や干しブドウが入ったものが定番です。でも、日本で売られているバラエティに富んだ菓子パンや調理パンはありません。中身の違うバゲットのサンドイッチが数種あるぐらいです。

日本でポピュラーな食パンは、工場で作られるあまり美味しいとは言えないものがスーパーで買えますが、普通のパン屋では売っていません。パン屋でこれを買う人がいないからですが、フランス人の食に対する保守的な面を見るようです。

フランス人の「バター少々」を知っておく

リヨン近郊にあった夫の実家に1年に一度は行っていた頃の話です。義理の母が料理をする時はよく手伝いました。といっても野菜を指示通りに切るぐらいで、あとは義母の手元を見ていることのほうが多かったと思います。だから、私のフランス家庭料理のお手本といえば彼女でした。

ある時、義母が「ほんの少しバターを入れるのよ」と言って、バターを鍋に入れました。日本人的な感覚で「バター少々」と言ったら、小指の先ぐらいの量ではないでしょうか。ところが、彼女が「少し」と言いつつ入れた量は、親指ほどもある塊だったのです。感覚的に私の「少々」が5グラムだとしたら、彼女の「少々」はその3倍、15グラムはあるということです。驚きました。基準となる普通の量がまったく違うことを痛感させられた瞬間でした。

それから彼女が料理をする手元を注意して見ていると、煮込む前の肉の表面をココット鍋の中で焼く時など、私にしたら半端でない量のバターを入れていることに気が付きました。

義母の料理はいかにも「フランスの家庭料理」というしっかりしたコクのある味でした。食べた時はしつこさも脂っこさもまったくなくて、とにかく美味しい。ところが食後の満腹感は半端ではありませんでした。特に夕食でしっかり食べてしまうと、しばしば日本人の胃腸には重過ぎたと後悔したものです。

フランス料理、美味しさの秘密

ブルターニュに住むようになってからは、当然ですが私自身がフランス家庭料理を作らなければならなくなりました。最初は多少日本風でも我慢していた夫ですが、日が経つにつれ、そうはいかなくなりました。

そこで、彼の実家で作っていたような料理を中心に同じように作ってみましたが、いつも夫からは何かが違うと文句が出ました。実際、私も感じていました。どうしても味にコクがないし、どこか薄っぺらい。でも、どうして美味しくならないのか分かりませんでした。

そうこうしているうちに気が付いたのです。あの義母と私のバターに対する量感覚の違い。そこで、私にしてはかなり思い切って、30グラム近い大量のバターを使って調理してみました。これが大正解でした。

それからです。フランス風家庭料理を作る時はバターをケチらない。これを大原則にしました。バターをしっかり入れないと、それらしい味にならないからです。

気が付けば、なんとも簡単なポイントでした。これで夫からの評価は格段に上がり、彼の文句は封印されました。

オリーブオイルを上手に使う

息子が中学生から高校生の頃、我が家は彼とその友人たちの食堂と化していた時期がありました。手軽で彼らのお腹が一杯になるような食べ物を用意しなくてはなりませんでしたから、マカロニグラタンなど、バターや生クリーム、チーズを使ったものを中心に作っていました。当時は、250グラムのバターを10日以内で使い切っていた気がします。

西洋人と東洋人では腸の長さが違うと言います。基本の食生活が違う証拠です。こうしたフランス料理に特化した日常食のダメージは、当然、日本人である私に大きく影響しました。50代後半で、健康上かなり危ない状況に陥りました。その後はコレステロールを下げることと、体重減に励まざるを得なくなり、油はオリーブオイルを主に使うようになりました。

そうはいっても、調理に一切バターや生クリームを使わなかったら、重大な家庭問題になりかねません。そこでベースにオリーブオイルを使っても、仕上げにバターをプラスするなど工夫するようになりました。

たとえばステーキを焼く時でも、うちではオリーブオイルで焼いて、最後にバターを少し落とします。これだけで、全然風味が違って美味しくなります。

一方で、定番フランス家庭料理を作る時は、毎日のことではないのでバターをたっぷり使います。要は使い分けが肝心ということかもしれません。

例えば、アンディーブのブレゼという料理があります。日本ではチコリという野菜をバター蒸し焼きにしたものです。付け合わせに近いものですが、単純な料理ゆえバターをケチると出来上がりの味は保証できません。

アンディーブはハムを巻いてグラタンに。この日のディナーはこれとサラダの2品。

作り方としては、ココット鍋にバターをたっぷり溶かし、根元に十文字の切り口を入れたアンディーブを並べ、塩、胡椒、さらに砂糖を少々ふり、蓋をして1時間強、弱火で煮るだけ。最後のほうでまだ汁気が残っていたら、蓋を取って強火にし、焦げ目がついてカラメル状になるまで待ちます。砂糖を少し入れるのはこのためです。

ほかにも伝統的なフランス家庭料理の場合、バターをはずすことはできませんが、仔牛肉や豚肉のロティの場合、私はココットにオリーブオイルとバターを半々に入れます。

バターだけだったら30グラム近く入

れるところですが、これなら半分ほどですみ、味もまずまず保てます。先に肉の表面を焼き、そのあと大量のタマネギのスライスとシャンピニオンを入れ、蓋をして最低1時間、弱火にかけます。うちでは、いずれの肉の量も4人分なら500から600グラムの塊を使います。

残念ながら夫のオリヴィエは、日本食を作ってもあまり喜びません。その代わり、彼は北アフリカ料理のクスクスやタジンが好きです。野菜も多く摂れるし、バターは必要なく、オリーブオイルだけで調理できるので、週1回はこれらが食卓に上ります。クスクスはフランス人一般に人気があり、好きな料理のベスト・スリーにいつも名前が上がります。

味と健康の両方を欲張ってこそ、豊かな暮らし、というわけです。

得意の手作りお菓子を持っておく

フランスでは、趣味のグループのお茶会をはじめ、色々な場面で手作りお菓子の需要があります。小学校では、資金集めに学年末にケルメス（Kermesse）というお祭りをします。ここでは親の手作りお菓子を持ち寄り、販売したお金を資金の一部にします。

私も息子が小学生の時は、たびたびお菓子を作らなければなりませんでした。今は彼も大きくなったのでケーキ作りを求められる機会はそうありませんが、他方からしばしばリクエストが出ます。夫です。甘いものは控えたほうがいいのですが、市販品より断然手作りが確かなので、応えざるを得ません。

この辺りには、ケーキ専門店はありません。通常パン屋さんがお菓子も作って売っていますが、昔から「パンが美味しい店のケーキは今一つ」と言われています。それはかりでなく、とにかく甘い。値段も1個3、4ユーロはします。だから手作りのほうが安上がりで、健康的でもあります。

そんな時、最も手軽にできるのが、義母が作っていたアーモンドケーキです。私が料理を手伝うようになった時、彼女はすでに70歳半ばの、日本でいえば後期高齢者でした。ですから手の込んだお菓子を作ることはありませんでしたが、このアーモンドケーキはタルト菓子と交互によく作っていました。

まず、大き目のボウルにアーモンドパウダーと砂糖をそれぞれ125グラムずつ量って入れ、混ぜます。そのボウルに卵4個を1個ずつ割り入れ、その都度よく混ぜ合わせます。彼女はここに、ティースプーン1杯ほどの杏ジャムを入れていました。本人も入れる理由がよく分からないと言っていましたし、隠し味を効かせるならもう少し多めに入れるほうがいいと思うのですが、私もなんとなく義母のやり方を真似ています。おまじないのようなものでしょうか。ただ、まったく入れないで作った時は、やはり何か物足りなさを感じるから不思議です。

次に、50グラムの小麦粉と小さじ1杯ほどのベーキングパウダーをふるいにかけて入れ、全体が滑らかになるまで混ぜます。最後に100グラムの溶かした無塩バターを入れ、ざっくり混ぜます。溶かしバターにする時、ケーキ型の中でバターを溶かすと、型にバターを塗る必要がなくなるので便利です。これは義母からの知恵です。

このタネを直径24センチの円形ケーキ型に流し入れ、150から160度のオーブンの中段で40分ほど焼きます。オーブンによって癖があるので、火が強くなり過ぎないように注意します。上面に焼き色が付き過ぎるようなら、アルミ箔を上に置いて焦げないようにします。

バターはかなり多めですが、これによって風味が加わり、美味しいケーキになります。そして、しっかり冷ましてから食べます。1日置いたほうがいいくらいで、日持ちする点でも重宝するお菓子です。

ブルターニュだけが有塩バター

ところで、日本で私が子供の頃から食べ慣れていたのは有塩バターでした。日本でバターといえば有塩でしたから、お菓子作りのレシピにはわざわざ「無塩バター」との断り書きがありました。でも、フランスのレシピにはバターとしか書いてありません。それで間違える人がいないのか、ずっと訝《いぶか》しく思っていました。

オリヴィエもいつも有塩バターで何も言わなかったし、彼の実家でも、テーブルに置か

義母がよく作っていたアーモンドケーキ。バターたっぷりでも重くはなく、日持ちするのも助かります。

甘党の夫は、これに自家製ジャムをかけて食べることもあります。これは庭のグロゼイユ（スグリ）のジャム。

れるバターは有塩でした。だからフランスでも有塩バターが普通なのだろうと思っていたのです。

ところが、パリに住んでいるオリヴィエの二番目の兄は、無塩バターしか食べないとのこと。彼が遊びに来た時、慌てて食卓に彼専用の無塩バターを用意することになりました。フランスでは、パリをはじめほとんどの地方は無塩バターが常識で、有塩バターを当たり前に食べるブルターニュが特別だったのです。お菓子のレシピにバターの区別がないのは、無塩バターが普通だったからでした。彼らの母親、つまり義母がブルターニュ出身だったから、ドゥミ・セル（demi-sel）という有塩バターを夫も常食していたわけです。

昔、船乗りが多かったブルターニュで、長い航海に出る時、保存のためにバター壺に粗塩を入れたのがそもそもとも言われていますが、塩をふんだんに使えた地域性もあり、保存のために有塩バターが生まれたのは間違いないようです。

我が家は、パンにつけたりして直接食べるものは、手作りの発酵バターをジョスランのマルシェで買っています。これは予約を入れないと買えません。日本ではブルターニュのボルディエバターが有名ですが、私が買っているのも正真正銘の手作り発酵バター。どこの有名バターにも負けません。当然ですがドゥミ・セルです。

売れているワインならハズレなし

フランス料理とワインは切っても切れない関係にあります。食事をとる時に赤ワインなしは考えられない、というのが義母でした。

リヨン近郊にあった夫の実家では、毎年3月頃ボジョレーのワイン農家に行って赤ワインを分けてもらっていました。10リットルも入るプラスチック容器2個になみなみと入れてもらい、それを家に帰ってからペリエ（当時はまだガラス瓶がありました）の空き瓶に移し替え、地下のカーヴで保存しながら、毎日飲んでいました。でもこの方法、本来は違法で闇市的な慣習だったようなので、値段は教えてもらえませんでした。古き良き時代のお話です。

その後、ブルターニュに越してきたので、彼らもそれはできなくなりましたが、代わりに5ユーロ前後の手ごろな値段のテーブルワインを欠かしませんでした。昼食でも夕食でも、必ずテーブルの上にはワイングラスと赤ワインの瓶がのっていました。

我が家はどうかというと、アルコール類の保存ができないため（というのは誰かさんがあればあるだけ飲んでしまうからです）、必要に応じて買っています。主に赤ワインを買いますが、暑い時は冷やして飲むロゼや発泡ワインを買います。

値段は平均して7ユーロ前後のものを選びますが、もっと安い3ユーロ前後の白ワインなどもあります。ただ、さすがにこれはアルコール中毒に近いおじさんたち用で、私たちには飲めないし、飲んだとしてもすぐ頭痛に襲われてしまいます。

ブルターニュは今も昔もアルコールの消費量の多い地域です。60年代ぐらいまでは、町中に数件のバーがあるのはもちろん、街道沿いには100メートルごとにバーが点在していたと、ここ生まれの隣のおじさんから聞いたことがあります。その当時までは、車より徒歩が普通だったからでもあります。

ワイン専門店も町にはありますが、一般にスーパーマーケットで調達します。10月は、どこのスーパーでもワイン展示会が開かれます。普段は店頭に並ばないワインの銘柄が出るし、発泡ワインやシャンパンもあって、まとめ買いにはお得な値段設定になっています。この時期、カートに6本入りのワインの箱を山と積んでいる人も見かけます。

たまに10ユーロぐらいで値段の割には美味しいと思う赤ワインを見つけた時、翌日もう

1本買おうと出かけても、すでに棚から姿を消していることがよくあります。みんな安くて美味しいワインには目ざとい。だから反対に、ワインの棚を見て減っている銘柄を中心によく見て選ぶと失敗することがありません。

最近フランスでワイン消費が減ったと言われます。昔に比べれば確かに減ってはいるものの、それは以前と比べて相対的に減ったということです。

庭でのアペリティフ。この日は赤ワインを畑で採れたラディッシュと。無農薬なので葉は虫食いです。

1950年代頃まで、フランスは飲料水の質が悪かったこともあり、赤ん坊や子供にも赤ワインを飲ませていたことがありました。もちろん水と同様に飲ませたわけではありません。寝る前やホットワインにして、薬代わりに飲ませていたのです。ですから、大人が水代わりにかなりの量を飲んでいたことは想像に難くありません。

実際に、レストランでは昼食時でも、ワイン抜きは考えられませんでした。

ところが、近年飲酒運転による事故が目立つようになり、取り締まりが厳しくなりました。とはいえ、車で出かけてもワインはワイングラス2杯までなら違反になりません。食事とアルコールは切っても切れない関係にあるフランスの食習慣。飲酒がゼロでないところがいかにもフランスです。

また、若い人がワインよりビールや他の軽いアルコールを好むようになったのも事実ですが、友人の家に食事に招待された時の手土産は、やっぱり少し値の張るワインが基本。要は、昔の人ほどがぶ飲みはしなくなったけれど、フランスの食文化としてのワインの地位は揺るぎない。そういうことです。

「アペリティフ」なら気軽に誘える

レストランで席に着いた時、フランスではメニューを選ぶ間に食前酒、アペリティフをどうするか聞かれます。アペリティフとしては、キール（カシスのリキュールを白ワインで割ったもの）など、ワインとは別のアルコールを食前に飲んだりします。

さらに、「アペリティフにどうぞ」と、友人を家に招くことがあります。これは食事というと相手に負担をかけるかもと感じた時、もっと気楽に誘い合うための常套句です。友人同士はもちろん、ご近所で誘い合うこともあります。

夕方4時か5時頃から2、3時間、飲んでつまんで、おしゃべりを楽しみます。この時はワインもあればビール、ウイスキー、パスティスなどのリキュールもありです。相手によって好みのアルコールを数種類用意しておきます。

つまみは日本ほど凝ったものはなく、ナッツやスナック類が主です。少し手をかけるとすれば、自家製のカナッペや黒オリーブのタプナード、アボカドのソースをパンと共に供したりします。

いずれにしても「アペロ（アペリティフにどうぞ）」の会は、気取りのない楽しいおしゃべりが重要で、アルコールやつまみはその潤滑油です。会話をこよなく愛するフランス人の、ホストに負担をかけず、招待客にも気を遣わせない、リラックスした習慣です。

秋の味覚は庭で手に入れる

うちの庭には大きなクルミの木があります。この木は私たちが植えたものではありません。ずっと前からあり、多分前の前の持ち主が植えたのだと思います。

クルミの木は、25年以上たたないとちゃんとした実をつけないと聞いたことがあります。ケア・ウェラ（丘の上の家）と呼ぶ今の家に住むようになった最初の2、3年は、実を落としてくれても小さいうえに量もそれほどではなかったように思います。

それが今では、毎年売りたくなるほどたくさん実るようになりました。クルミ好きの友人たちに数キロずつ分けてあげても、まだまだ1年以上食べられる量が残ります。

クルミは殻ごと上手に乾燥させれば、長いこと美味しく食べられます。買うと1キロ9ユーロ近くするので無駄にする手はありません。

私は毎年9月末頃から毎日、1週間ぐらいクルミ拾いに明け暮れます。集めたクルミを眺めていると嬉しくなります。主食になるものではありませんが、自然がくれる贈り物、これがあれば大丈夫。そんな気持ちになるからです。

そして、秋は栗の季節でもあります。栗の木は、道を隔てた向かい側に大きな木があるし、犬の散歩の途中にもあちこちにあります。うちの前の栗の木は、自生しているものではなく、接ぎ木をしたものらしく、大きくて美味しい実を落としてくれます。他の栗の木の実と比べても、結局ここのが一番美味しい。

10年ぐらい前までは近所のおばあちゃんたちも拾っていましたが、今ここの栗を拾うのは我が家ぐらいのようです。立派な実が車に引き潰されているのを見ると、心が痛みます。でも、いっぺんにたくさん拾っても始末に困るのは確か。夫と二人で数回に分けて2キロぐらいずつ集めれば十分です。

栗の実を余るほど拾ってしまった時は、手間はかかりますが、保存用に甘いクリーム状にします。ジャムと同様に煮沸消毒をした瓶の口ぎりぎりまでそのクリームを詰め、蓋をして再度煮沸して中の空気を抜いてから保存します。

貧しかったブルターニュでは、栗が貴重な食糧でした。腹持ちもいいし、粉にして小麦粉の代わりにして、いろいろ作ったようです。ただ、皮を剥くだけでもかなりの仕事量。時間がかかるので、昨今はリタイア組ならではの楽しみなのかもしれません。

それにしても、食べ物が他に豊富にある現代とはいえ、田舎でもこのような手間をかける人が減っているのは少し寂しい気がします。栗も買えば1キロ10ユーロはします。栗好きの私は、大変だと分かっていてもつい見過ごせず、拾ってしまいます。

止まらなくなる焼き栗の魅力

義父母はブルターニュで結婚し、戦争が終わってからパリで5年ほど暮らしていました。その頃のことが懐かしかったのでしょう。冬の数日、義母と二人でパリへ遊びに行ったことがありますが、その時、彼女が好きだった道をあちこち案内してくれました。そして、広場で焼き栗売りを見つけ、新聞紙を逆三角錐のラッパ形の器にして熱々の焼き栗を入れたものを買ってくれて、「路上の焼き栗売りは冬のパリに欠かせない風物詩」なのだと教えてくれました。

ドラム缶で栗を焼いていたのはアフリカ系の移民風の人でしたが、戦後すぐは、きっとパリに生きる人々の、小さくとも大切な日々の営みの一つだったのでしょう。その頃なら郊外には栗の木もたくさんあったと思います。まだまだ甘いものが貴重だったろうし、買う人にとっても手軽で嬉しいおやつだったに違いありません。

その後、焼き栗のことはずっと忘れていましたが、ある寒い秋の日、隣のジェラールおじさんが、調理した焼き栗を持ってきてくれたことがありました。それからです。改めて焼き栗の味に魅せられ、病みつきになってしまいました。日本では「天津甘栗」というつぶした味の美味しい焼き栗が食べられますが、それよりずっと単純な味で、炭火で焼いただけの栗そのものの甘味がうれしく、止まらなくなります。

焼き栗にする栗は、新鮮なものより数日置いたほうが甘みが増して美味しくできます。破裂しないよう、焼く前に皮に一か所ナイフで切れ目を入れます。ガスではなく、必ず暖炉の火で焼くのがコツ。焼き栗専用の、全体に穴があいているフライパン状の道具を使います。うちの焼き栗専用穴あきフライパンは、夫が蚤の市で見つけてきたものです。

暖炉の中に五徳を置き、そこに栗を乗せた穴あきフライパンを乗せ、時々振り動かしながら満遍なく火が行き渡るようにします。

外皮が真っ黒に焦げ、いい匂いが漂ってきたら出来上がりです。これらはすべてオリヴィエの仕事で、私はありがたく食べるだけ。薪の火の調節と出来上がりの見極めはなかなか難しく、毎年勘を取り戻し、うまくできるようになると栗の季節が終わります。

庭のクルミを乾燥させたら、食べる分ずつ殻割り。アンティークのクルミ割りを使って無心の作業。クルミは毎日3粒食べると体にいいと義母の受け売り。

豚肉のロティは通常タマネギ、シャンピニオンに乾燥プラムを入れますが、秋は拾った栗を入れて旬を味わいます。

向かいの木から落ちた栗の実。素朴な焼き栗が一番好きですが、多いとクリーム状にして保存用にします。

「おばあちゃんの味」がフランス家庭料理

フランス人有名シェフのインタビューで、シェフたちがよく「おばあちゃんの味」と言うのが、日本と違うので面白いと思いました。日本だったら「おふくろ」と言うのが普通だからです。ところが、フランスでは一代飛び越えて「おばあちゃんの味」になります。

これは、伝統的なフランス料理の味という意味もありますが、むしろ祖父母の代からビストロ（日本語だと食堂）をやっている家系が多く、その影響を受けてシェフになったという人が少なくないからでした。その要となっていた料理人はおじいちゃんでなく、おばあちゃん。今でこそ有名レストランのシェフが女性でも誰も驚きませんが、フランス料理の世界は長いこと男性優位でした。そんななか、高い割合で「おばあちゃんの味」が大切にされていたことが愉快です。

有名シェフたちの話だけでなく、実は一般的にも「おふくろの味」より「おばあちゃんの味」に郷愁を覚える人が多いのは確かです。例えば、食品やお菓子のコマーシャルでも、しばしば「おばあちゃんの味」が売り文句になっていたりします。

フランスも第二次世界大戦を機に、女性が外で働くことが普通になり、それによって伝統的な家庭料理を作る時間が減りました。

子供たちが昔ながらの伝統的フランス家庭料理を食べる機会は、主に祖父母の家に行った時です。例えば、冬の代表的家庭料理のポトフは、下ごしらえは簡単でも弱火で2時間は煮込む必要があります。リタイアした祖父母なら、十分に時間があるのでこうした料理も厭わず作ってくれます。

我が家は特別かもしれませんが、私は最初からフランスの一般的な家庭料理を作れたわけではありませんでした。夫の実家へ行った時に味わい、学んだことが多かったと思います。その間、当然ながら息子が一緒に行き、一緒に味わってきました。さらに、私たちが仕事で留守をする時など、祖父母のところで1週間から10日ほど預かってもらうこともありました。息子はそこで義母の料理を食べていたわけです。

息子は彼女が作っていたスープが大好きで、ずっとその味を忘れずにいます。今はさすがに満足しているようですが、ブルターニュに住むようになって最初の頃、私が作った野菜スープを彼は気に入りませんでした。「おばあちゃんの味と違う」と、夫より厳しくダメを出されたものです。

義母のスープ・オ・シュー（La soupe aux choux）

スープといえば、長いこと試行錯誤を重ね、ようやく義母の味になったのがスープ・オ・シュー、キャベツのスープです。これは寒い冬の彼女の定番メニューでした。

キャベツといっても、このスープに使うのは日本では見なかった種類のものです。外側の葉っぱが深緑で中が緑色、肉厚で縮れており、蒸したり煮たりして食べるのに適しています。ロール・キャベツもこれで作れます。正式名ではありませんが、ここでは一般にシュー・フリゼ、縮れた葉のキャベツと呼んでいます。

息子はもちろん、義母が亡くなってから我が家で同居していた義父も、このスープが大好きでした。だから我が家でも冬の定番スープになりました。

縮れた葉のキャベツ1個を4つ切りにし、硬い芯を少しそぎ落として鍋に入れ、カップ2から2杯半の水を注ぎます。そこにジャガイモ（大きさによりますが中なら3個ほど）の皮をむき薄く輪切りにしたものと、チキンキューブを入れて1時間以上ゆっくり煮ます。

キャベツが柔らかくなったら、適当にお玉で崩しておきます。

これとは別にフライパンにたっぷりのバターを溶かし、タマネギの大きいものを1個スライスして炒めます。少し焦げ目がつくくらい十分に炒め、そこに小麦粉を大さじ2杯ほど入れ、塩と胡椒も入れて全体が馴染むまで炒めます。

それから鍋のスープを少しずつ入れ、小麦粉を溶かします。全体がソース状になったら鍋に戻し入れ、ソースをスープに溶け込ませ、15分ほど蓋をして煮れば出来上がり。最後に味を見て塩気などを調整します。

ポイントは水を入れ過ぎないことと、タマネギを炒めるバターをケチらず塊でどんと入れることです。

現在の私たちにとって、軽い夕食はこの熱々のスープとパンで十分です。もっとも、義父母のところはこれが前菜で、ほかにメイン料理やチーズなどのデザートを食べていました。以前はそれでも大丈夫でしたが、この年になると日本人の体には多過ぎます。当時の義父母は今の私より年上だったのですから、フランス人の胃腸の強靭さにはかないません。

彼らよりは小食ですが、オリヴィエもフランス人ですからパンは私より多く食べるし、ハムやパテを別に食べることもあります。

義母のスープ・オ・シュー

1

キャベツ一玉を4つ切りにし、硬い芯をそぎ落として鍋に入れ、カップ2から2杯半の水を注ぎます。そこにジャガイモ3個の皮をむき、薄く輪切りにしたものと、チキンキューブを入れて1時間以上ゆっくり煮ます。

2

フライパンにバターをたっぷり溶かし、タマネギを1個スライスして炒めます。十分に炒めたら小麦粉を大さじ2杯、塩胡椒も適宜入れて、全体になじむように炒め、キャベツを煮たスープを少しずつ入れて小麦粉を溶かします。

3

フライパンの材料がなじんでソース状になったらキャベツの鍋に戻し入れ、15分ほど蓋をして煮てできあがり。シンプルな料理ですが、バターがしっかり入っているので、パンとこれで十分満足のメニューです。

いずれにしても、夜はスープ類を作っておくと楽です。今は様々なスープのパックが売られていて、温めるだけでいいので、忙しい人はこれですませます。

余談ですが、フランス語だとスープは「飲む」のではなく「食べる」になります。スープは通常アントレ（前菜）として扱われますが、戦前の農家ではコンソメではなくポタージュを朝食で食べたり、忙しい時期は作業から戻って作り置きのこってり実だくさんのスープとパンを食べていたせいかもしれません。

ブルターニュだから手に入る本当に新鮮な魚介

ブルターニュに暮らすようになり、気が付いたことがあります。それは、新鮮な魚は臭わないということです。改めてそんなことに気が付くなんて、と思うかもしれませんが、東京生まれの私は自分で魚の処理をせず、魚屋さんにやってもらっていました。魚を触ったらすぐ手が臭くなる。実際にすることなしに、そう思い込んでいたのかもしれません。

ここでも、魚屋さんに頼めば魚の処理をしてくれます。ところが、以前住んでいた海辺だと、漁師の奥さんから直接釣りたての魚が買えたものの処理はしてくれませんでした。仕方がないので自分で内臓を取り、開いたり三枚におろしたりせざるを得ませんでした。それで分かりました。水揚げされて半日ぐらいの新鮮な魚は触っても手に臭いがつかないと。しかも水で手を洗うだけできれいになりました。

夏はイワシ、フランス語ではサルディン（sardine）の季節です。小さいので内臓を取らなくても、そのまま焼いて食べられます。ここではバーベキューにする人が多く、魚屋

さんでイワシの処理を頼む人はいません。

私は買ってきたらすぐに指でお腹を割き、内臓をとってから粗塩を振って焼くまで冷蔵庫に入れておきます。イワシに脂がのっていると洗剤をつけて手を洗わないとさっぱりしませんが、美味しい脂だし、当然臭いません。

旬のホタテ貝を味わう

イワシに限らず、ブルターニュに住んでから、魚に対する意識がぐっと変わりました。ためらうことなく魚、甲殻類、イカ、貝類と、何でも自分で処理できるようになりました。プロではないので上手下手は別として、刺身も自分で作ります。何でもあるパリと比べても魚介類は常に新鮮で、値段も安く手に入ります。これはブルターニュならではの嬉しいアドヴァンテージです。パリではここまで気楽に魚介類は食べられません。

貝といえば、ブルターニュでは10月になるとホタテ貝、フランス語ではコキユ・サンジャック（coquille Saint-Jacques）が取れる季節になります。

最盛期の11月から翌年2月頃まで、ブルターニュでは1キロ5〜7ユーロぐらいで買えます。殻付きなので、大きさによりますが1キロだと6〜8枚ぐらいでしょうか。うちは1食分3人前だと15〜18枚は買います。パリだったらとてもこんな数をこの値段では買えません。一度パリの友達が遊びに来てくれた時、普段通り同じように買ったらとても驚かれました。

ホタテ貝は他の貝類、例えば牡蠣などと比べ格段に殻を開けやすいので、しばしば自分で開けます。貝柱を掌に取った時、まるで心臓が動くようにどくどくと鼓動を感じることがあります。

これは迷わず生食用に別にします。ホタテ貝の刺身は家族も食べますが、さすがにヒモを生で三杯酢で食べるのは私だけです。生で食べない貝柱はソテーにします。

フライパンに、オリーブオイルとバターを半々に入れ、十分に熱

ホタテ貝は殻付きで買って自分で開けます。

したらホタテ貝を入れます。片側に少し焼き色が付いたところでニンニクとエシャロットのこま切れを入れ、貝柱をひっくり返してもう一方の側を焼きます。こちらも焼き色が付いたら、うちではお醤油を一回し入れ、生クリームをたっぷり入れます。1、2分火にかけて出来上がり。

一時期、あまり意味のない節約志向で、ホタテ貝の貝柱を半分にスライスしてソテーしていました。これだとどうしても火が通り過ぎ、レストランで食べるようなふっくり感がありませんでした。ところが、ある時三人分のつもりで買ったのが二人になったので、思い切って半分にせずそのままフライパンに入れました。そうしたら、外側はしっかり焼き色がつき、中まで火が通っていても中心はしっとり半生状。ずっと「こうなれば」と思い描いていた状態になり、とても美味しくできたのには驚きました。

それ以来、「贅沢に楽しむ時は思い切る」をモットーに、ホタテ貝をスライスするのは刺身やマリネにする時だけに。ソテーの場合は丸ごとで一人前の勘定をするようになりました。

美味しさの肝は手づくりのソース

義母から教えてもらった料理の一つにブランケット（blanquette）というのがあります。常に、フランス人が好む料理のベスト・スリーに入る人気の伝統的家庭料理です。日本風に言うならクリームシチューのようなものです。

一般にフランスでブランケットといえば仔牛肉を使いますが、豚肉や鶏肉に代えてもできます。野菜はタマネギ、ニンジン、シャンピニオンを入れます。

私はココットと呼ばれる煮込み用鍋を使い、その中に肉のぶつ切りを入れ、肉が隠れるぎりぎりまで水を入れて火にかけます。そこにザクザク大き目に切った野菜を入れ、牛肉の固形ブイヨン1個とブーケガルニも入れて蓋をし、肉が柔らかくなるまで弱火で煮込みます。

1時間ほど煮込んだところで、別に「ベシャメル風」のソースを作ります。この場合、牛乳ではなく鍋の煮汁で小麦粉とバターを炒めたものを伸ばしてベースにします。それができたら全部鍋に戻し、汁全体に馴染ませます。最後に生クリームとレモン汁半個分を入れて出来上がりです。

ベシャメルソースに豆乳を使うコツ

ベシャメルソースは、フランス料理の基本となるものです。材料はバター、小麦粉、あとは牛乳だけです。単純ですが、この割合を正確に守らないとグラタンなどの料理に使う場合、硬過ぎたり緩過ぎたりしてうまくできません。例えば3~4人前のグラタンソースなら、バターと小麦粉25グラムずつ、それをカップ2（400cc）の牛乳で溶かします。

義母が教えてくれたコツは、まずバターと小麦粉の量は常に同量にし、一緒に小鍋に入れることでした。それを弱火にかけ、溶けるバターにゆっくり小麦粉を合わせていきます。バターと小麦粉が十分に混じり火が通ったところで、中火にして牛乳を少しずつ入れていきます。いっぺんに入れるとダマになってしまうので、徐々に丁寧に溶かしていきます。ほとんど溶け合ったら、残りの牛乳を全部入れても大丈夫です。焦げないように常にかき混ぜ、沸騰したら火を止めます。

これが基本ですが、我が家は牛乳の半分を内緒で豆乳に替えています。義母なら絶対にやらない私の秘密です。牛乳だけだと重くなるので私風に軽くしているわけですが、さすがに少しさっぱりし過ぎなので、最後に大さじ1強の生クリームを足して、みんなが満足する味にしています。ただ、豆乳の割合を増やすと必ず「味がおかしい」と不満が出るので、ソースの分量を増やしても、豆乳はカップ1が限度です。

なお、ブランケットに入れるものは、バターと小麦粉がベースになるのはベシャメルと同じですが、煮汁でのばすので牛乳は使いません。それを最終的

上が義母譲りのガーリックマッシャー。下はブロカント（蚤の市）で見つけたもの。

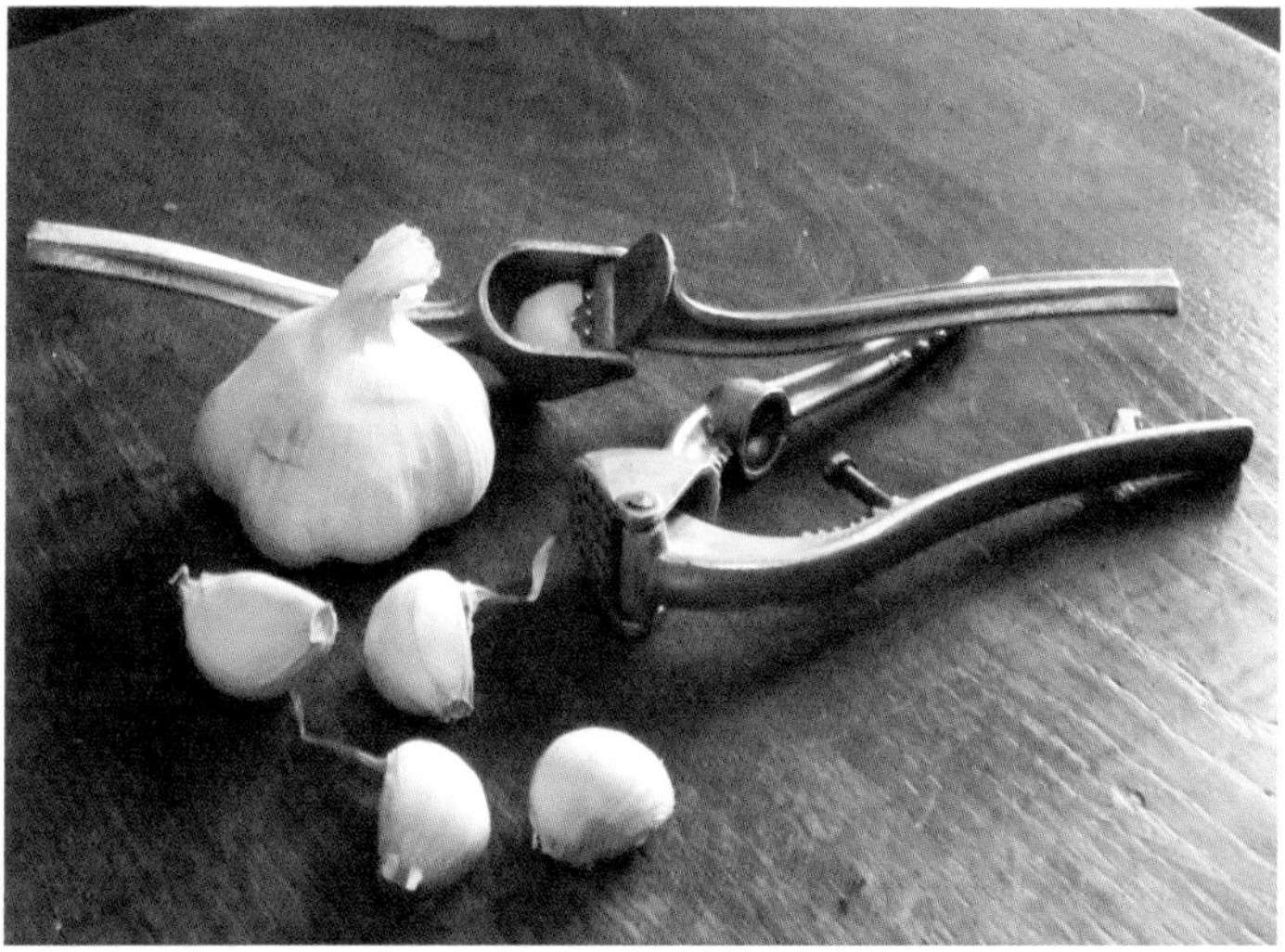

には鍋全体の汁に溶かすため、バターと小麦粉の分量加減がとても大事。出来上がりがベタベタでもサラサラでも美味しくありません。丁度よくできるまでには経験を積むよりほか、ありませんでした。

ドレッシングも手づくりで

もう一つ、我が家のドレッシングにもちょっとした秘密があります。

リヨンの夫の実家では、義母がサラダのドレッシングを作っているのをよく見ていました。材料は塩、胡椒、ニンニク、レモン汁、最後にオリーブオイル。これらを、ここに記した順番通りサラダボウルに入れて混ぜるだけでした。自宅に帰って、早速試してみましたが、何度やっても同じような味になりません。材料は全部同じだったのに、です。

ある時、はたと気が付きました。義母はニンニクを、「ニンニク潰し器」のような道具でぎゅっと潰して入れていたのを思い出したのです。

それは15センチほどの長さの道具で、細かい穴の開いた窪みに皮をむいたニンニクを入れ、蓋をするような感じでレバーを握ると、ニンニクが潰れて小さな穴からジューシーな汁と潰れたニンニクが出てくるのです。これだとソースの中にニンニクのうまみがじわーと広がり馴染みます。私はずっとみじん切りにしていましたが、ソースに香りは移っても、ニンニクのエキスは出ません。擂《す》り下ろして入れるとニンニクの味が強過ぎました。

義母は、1930〜50年代にかけて作られていたスタンダードな製品を使っていました。今、店で売っているのはずっと進化したもので、大型のホッチキスを連想させるような無骨な形をしています。私は新しいものより彼女が使っていた古い単純なタイプがよく、それがどうしても欲しくなり、彼女が二つ持っていたので、頼んで一つもらい受けました。それからはしっかり同じ味にすることができました。今は私なりのアレンジも加え、お醤油を少し入れたり、庭のハーブを入れたりしてドレッシングを作っており、我が家での評判は上々です。

日本だと各種ドレッシングが気軽に買えるし、フランスでも最近はドレッシングに限らずソース類も出来合いがあります。でも、義母の冷蔵庫にそうしたものが入っていたことはありませんでした。できたものを使えば簡単ですが、添加物が入っているし、味に個性がありません。ひと手間かかっても最後まで自分で作っていたのは、義母なりのこだわりだったに違いありません。私もそれをお手本にしています。

フランス人のキッチンの定番道具

最近は日本でも食器洗い機を設置している家庭が増えているようですが、フランスでは、ほぼどこの家にも食洗機があります。来客があった時は別ですが、我が家のように二人なら3日に1回ぐらい動かせば十分です。それで食器が間に合うのかと思うかもしれませんが、間に合います。

フランスでは、各自のお皿が決まっているわけではありません。基本の食器は、直径26センチほどのメイン用の皿とスープ皿です。26センチというのは大きく感じるかもしれませんが、メインとサイドのパスタを一緒に取っても余白が残り、これが丁度いい大きさです。

他に、アントレ用の20センチほどの少し小ぶりなお皿にデザート用のケーキ皿があれば事足ります。だから、それぞれ家人の倍から3倍の枚数を揃えておけば数日は大丈夫だし、人を招待しても対応できるのです。

しかも、日本のように様々な形の器を使うわけではありません。平らなお皿が基本ですから、食洗機で十分きれいになります。とはいえ、食洗機を動かすのは、電気代が安くなってからの時間帯。ここでは21時半過ぎです。

重過ぎるほどの鍋で素材の味を逃がさない

食洗機には食器ばかりでなく、使った鍋をそのまま入れて洗うことも普通です。この場合、こびりついたソースなどは容易に落ちないので、ある程度落とした上で入れます。

この鍋ですが、フランス人のキッチンに欠かせないのが鋳物ホーローの製品です。楕円形か円形で、いずれも熱伝導に優れ、蓄熱性が高いとても重いものです。

一般に、この鍋をココット（cocottes）と言います。蓋も重いので、煮続けても蓋がバクバク浮きません。無水鍋と同じで、野菜や肉から出る水分だけで十分調理できます。軽い蓋の薄い鍋で1時間以上も火にかけていたら、いくら弱火でも中の水分が蓋の隙間から蒸発してすぐ焦げ付いてしまいます。

豚肉のロティ（豚のロースなどの塊をタマネギ、シャンピニオンを入れて煮込む料理）

や、51〜52ページでも紹介したアンディーブのブレゼ。どれも水を一切使わず、1時間以上弱火にかける単純な料理ですが、こうした料理もココットなら少量の油と肉や野菜から出る水分だけでとても美味しくできます。途中で水を足す必要もなく、長くゆっくり火にかける調理には最適な鍋です。

夫の実家にも、もちろんこれがありました。義母の料理には欠かせない道具で、私も絶対に欲しいと思って、ブルターニュに越して最初に買ったのがル・クルーゼの楕円形のココットです。ル・クルーゼはフランスの老舗メーカーで、それなりに高価ですが、世代を超えても使い続けられる一生物ですから、躊躇なく思い切りました。他に日本でも知られるストウブというメーカーの円形の小ぶりのものもあります。フランスのココットとしてはこの2社の製品が両壁です。

もうかなり前の話ですが、ル・クルーゼが日本でココットを売り出したところ、当初こそ売れたものの、使い続ける人は少数派でした。その理由は「重過ぎ」たからでした。確かに80歳を過ぎた義母もガス台から降ろしたり載せたりは重そうで、一緒の時は手伝うこともありました。私も使っていて実際重いですが、これが持てなくなったら料理もできない。そう考えれば、長く使えるよう日々少しずつ鍛えようと思いながら使っています。

気に入ったものは古くても使い続ける

義母のキッチンを思い出すと、鍋も食器やカトラリーもお菓子を作る道具も、みんな手に馴染んだものばかりでした。かといって使い古した感はなく、むしろ懐かしいような温かさがありました。食器は壊れることもありますが、いくつかは、義父が接着剤で貼り付けて使っていました。ケチではなく、愛着の問題でした。

こうした古い食器や道具類は、義母の歴史を見ているようでした。キッチンで新品と言えるのはオーブンやトースターなどの電化製品で、あとはキラキラした新しいものはありませんでした。日本だと、新しく家庭を持つ時には、たいていお皿やグラスも新しく買い揃えますが、義母を見ていて、そんな必要はないことを実感しました。

我が家のメインのお皿類はオリヴィエが見つけてきたオールド・ジアン。カトラリーは全部義両親からのお古。生牡蠣を乗せたりする大皿も義両親が使っていたものです。私はその全部が大好きです。古くても気に入ったものを大切にする。愛着を持って使い続ける。それは義母から学んだ暮らしのアートであり、こだわりです。

現在の我が家のキッチン。ここは以前義父が使っていたので、非常にコンパクト。使う物は外に出しっぱなしでも、残りをすべて収納しているのですっきり見えます。窓辺にも決まった物しか置きません。

キッチンの定番用品

中央上から時計回りにキッチン鋏、ワインオープナー、ガーリックマッシャー、セクシーな古いクルミ割り。左上にはいつも皮むきとプチナイフを数本入れています。フランスでは包丁よりプチナイフを多用します。

いつも使っているクリスタルのワイングラスとお皿。アントレもメインも平皿で出すフランス料理は食洗機向き。こうして比べてみると、日本のお皿がいかに多彩な形か実感します。ちなみに小皿は日本のものです。

ル・クルーゼと、日本から持参した40年近く愛用しているビタクラフトの鍋2種類。これにフライパン、小ぶりの片手鍋があればほぼ間に合います。特にル・クルーゼは、重い蓋のおかげで素材の水分だけで長く弱火で煮込む料理に大活躍です。

チーズはデザートとして毎日食べる

日本だとチーズはどのように食べられているでしょうか。ワインのつまみとか、朝食に食べるなどでしょうか。どちらにしても、常に食卓に上るものでないのは確かでしょう。

フランスのチーズの立ち位置は、デザートになります。本格的なレストランに行くと、メインの後、甘いデザートの前にチーズを食すか否か聞かれます。そこで「はい」と言えば、様々なチーズの乗ったプレートが運ばれてきます。好きなチーズを数種類選ぶと、それらを少しずつ切って一つのお皿に盛りつけてくれます。一種類だけの人はまずいません。チーズを食後に楽しもうという人は、誰でも最低でも3種類は選びます。そして、食事の時にも出てきた小ぶりのパンと一緒に味わいます。

チーズを食べる順番は、味の優しいものから先に食べ、濃い味のものは後にします。これを反対に食べてしまうと、微妙な優しい味が強いものに押されて分からなくなってしまいます。もしチーズの性質が分からなくても、香りの強いものは味も濃いと思えば、まず間違いありません。

フランスの家庭ならチーズは常備食

家庭でも、チーズは食後のデザートとして欠かせません。さらには朝食に食べることもあるし、おつまみ的に食べることもあります。普及品のアペリティフ用の色々な味が付いた1センチぐらいのキューブ型のチーズや、ハーブやニンニク入りのパンに塗ったりカナッペにしたりしても便利なクリームタイプもあります。

ジョスランのマルシェにはチーズ専門の店が出ていますが、いつも長い列ができています。みんな必ず数種類のチーズを買っていきます。

やはり、チーズ専門店は各産地の美味しいチーズを選んでいるし、きちんと食べ頃のものを提供してくれます。こちらがよく知らなくても、味見を気軽にさせてくれるし、説明もしてくれます。好みの味やタイプを言えば、それに即したチーズを選んでくれます。スーパーにも必ずチーズの専門コーナーがあって、いろいろな種類のチーズを売っていますが、やはり専門店と比べると今一歩です。

むしろスーパーなら、先に述べたキューブ型の製品や、赤い牛がイヤリングをつけているマークで知られるラ・ヴァーシュ・キ・リ（la vache qui rit）など、昔からあるメーカー品のチーズを買います。こうした普及品のチーズは香りも味も万人受けする癖のないもので、子供がパンに塗っておやつに食べることもあれば、お弁当で持ち歩くにも便利です。昔から変わらない人気を誇っていますが、専門店では当然、置いていません。

こうした大量生産ものは、一般受けするように癖がないし、冷蔵庫にそのまま入れて保存してもさほど問題はありません。ところがチーズ屋さんで買う本物の発酵チーズは、そのままだと臭いが問題になります。

蚤の市で出会った古いガラスケースで蓋をすると、オシャレに臭いを遮断してくれます。

1000種類はあるというチーズ。マルシェには専門店もあります。

基本的にチーズは生もので、そう長く保存がきくわけではありませんし、発酵食品ですから丁度よく熟した食べ頃というのがあります。例えば、「カマンベール」や「ブリー」などの白カビ軟質タイプは、もし真ん中に白っぽい部分が残っていたらもう少し置きます。中全体が黄色っぽくなり、香りも少し立ってきたら食べ頃です。さらに熟成が進み過ぎると、味も臭いも強過ぎて食べ難くなってしまいます。

そこで、熟成をゆっくりにするため冷蔵庫に入れますが、きちんと蓋の閉まる臭いの漏れない容器に入れ、野菜室などあまり温度の下がらない場所で保管します。そうしないと冷蔵庫中に臭いが充満したり、他のものに臭いが移ってしまうからです。

また、食べる前、最低1時間から2時間前には外に出し、室温に戻します。冷たいままだと本来の味になりません。もともと生きているので冷蔵庫には入れないほうがいいのですが、夏などそういうわけにもいきません。冬は暖房を入れていない場所にカバーをして置くほうが、特にいいチーズは美味しく食べられます。

1000種類のチーズを食べ分ける楽しみ

フランスには、全国的に名の知られるチーズからその土地でしか知られていないチーズがあり、また、牛、ヤギ、ヒツジと素材となる乳によって違うチーズになるので、その数1000種類を超えるとも言われています。それを聞いただけでも食の豊かさを感じます。

その上、フランス人のチーズ消費量は世界一で、一人平均年間26キロ以上と何かで見たことがあります。対して日本の数字は、近年チーズ消費が増えていると言ってもたったの2・2キロでした。フランス人が普段からどれだけチーズを食べているか、この数字が物語っています。

実際、我が家でもチーズは常備食です。

チーズには、作る時に塩水やその土地でできる酒類で洗った個性的な味のウォッシュタイプや、強烈な味のブルーチーズなど、癖の強いものがあります。フランス人でもこのタイプが嫌いで食べられないという人はいます。

私は始めからこういうタイプも大丈夫で好きだけれど、いつも買うわけではありません。オリヴィエはウォッシュタイプの癖の強い「リヴァロ」や「マンステール」も好きですが、買う時はすぐ食べきれる少量にしています。

その一方、我が家でよく買うのは、セミハードやハードタイプの「コンテ」や「ボーフォール」、「トム」などです。日持ちするし、朝食やおやつにつまんでもよく、おろしチーズにもできて便利だからです。

一年中食べられる牡蠣の味わい方

ブルターニュで暮らすようになり、何が贅沢かといえば、ほぼ毎週日曜日の昼のアントレに生牡蠣を思い切り食べられることです。「贅沢」と書きましたが、ここだと1キロ5〜6ユーロほどで買えます。日本円にして700〜900円くらいでしょうか。大きさによりますが1キロで10〜12個あります。

義父が元気だった頃は必ず2ダース、24個は買って4人で食べていました。今は3人で1ダース半ぐらいです。息子は私たちほど食べないので、結局夫と2人でそれぞれ10個ぐらいは食べている勘定になります。

日本だと生食用でもむき身のものが売られていますが、フランスは全部殻つきで、むき身はありません。生で食べることが前提なので、反対に調理、例えばカキフライをうちで作ろうとすると、なかなか大変なことになります。

パリのビストロなどには、フランス語でエカイエ（écailler）と呼ばれる牡蠣をむく専門の職人さんがいるほど。牡蠣の殻をむくのは厄介な仕事です。うちでは牡蠣の殻むきは男性諸君の仕事です。義父、夫と続き、息子は見習い。彼もいずれは一人でむけるようになってもらわないと困りますが、今は夫の仕事です。

クリスマスには生牡蠣を

フランスで生牡蠣の消費量が一番多くなるのが、12月のクリスマスの時期です。

ブルターニュでは時期を問わずいつでも買えますが、パリや内陸部だと年

ワインビネガー、エシャロット、砂糖で作るソースで食べる生牡蠣は最高のアントレ。

間を通しては売っていません。パリで牡蠣を食べるとしたら、ビストロかオイスターバーになりますから、毎週食べるには高くつき過ぎます。パリから友人が遊びに来ると、みんな牡蠣の安さにびっくりします。彼らは年1回食べるのがせいぜいだと言っていました。

ただしこの辺りだと、牡蠣専門に売る常設のお店はありません。普段どこで買うかといえば、マルシェに出ている貝類専門店か、毎週日曜日、あちこちの町の教会の傍の広場などに午前中だけ出る専門の屋台です。教会の傍というのは、昔は家族総出でミサに出かけ、その帰りに買う人が多かった名残です。今はみんな教会とは関係なく、それを目当てに車で買いに来ています。

こうして手に入れた生牡蠣は、生きていないと食べられません。殻を開け、中身の縁をナイフでちょっと触れるとぴくっと縮みます。生きていることを実感する一瞬です。それをつるりと口に入れます。残酷というより、美味しくいただくことが牡蠣への感謝です。殻付きの場合、きちんと保管すれば1週間は美味しく食べられます。

普通マルシェで買うと、すぐ食べることを前提としているため、プラスチック袋に無造作にがさがさと入れてくれます。でも、もし1日でも置くようなら、必ずしなければいけないことがあります。牡蠣を平らな面を上にして、すべて水平になるよう重ねておかないと死んでしまうのです。うちでは大き目のボウルの中に平らに重ね、夏も冬も冷蔵庫で保管します。産地直送なので、このまま1週間は優に美味しく食べられます。フランスでも牡蠣に限らず貝類に「あたる」こともあるのですが、食べた時の体調にも左右されるようで、あまり聞きません。また基本的に私たちは昼に食べ、夜は生牡蠣を食べません。

ところで、フランスでは12月25日や1月1日に買い物をする人はいません。店は例外なく全部閉まっているからです。生牡蠣を食べようと思ったら、みな少し前に買います。この時期は、フランス全国のスーパーの魚売り場でも長方形の牡蠣の箱入りが売られます。箱の中には牡蠣がきちんと水平に重ねられています。輸送中に牡蠣が動かないよう、きっちり計算されて入っているのは言うまでもありません。ただし、ブルターニュの産地直送とは違い、店頭に並ぶまでにすでに日が経っているので長くは置けません。

ブルターニュの牡蠣は日本生まれ

現在フランスで一般的に流通している牡蠣は、舟形の日本でもお馴染みの形のものです。同形なのは当然のことで、実は、今フランスで食べられている牡蠣のルーツは、宮城県産の宮城種なのです。

フランス各地で牡蠣の養殖が広まったのは20世紀初頭でした。この頃はポルトガルから稚貝を輸入していましたが、1971年に突然病気が発生し、ほぼ壊滅状態に。これを救ったのが宮城県からの稚貝だったのです。それ以来、この子孫を食べているのです。

また、フランスの牡蠣には日本では見ない丸くて平たいブロンと呼ばれるものもあります。ヨーロッパでは本来、牡蠣と言えばこれを指していたそうです。フランスでブロンと呼ぶのは、ブルターニュ地方のブロン川の河口が主産地だったからでした。

現在このブロンも養殖されていますが、宮城種なら2、3年で出荷できるのが、さらに2年ほど余計に育てないとなりません。それで養殖をしている数が少なく、値段は普通の牡蠣より何割も高くなります。

私たちもブロンが好きでたまに食べます。ノワゼット（ヘーゼルナッツ）のような独特の味で、いつも食べる牡蠣とはまったく違います。普通はレモン汁やワインビネガーに砂糖とエシャロットを刻んで入れたソースを数滴垂らして食べますが、これは何も入れず、そのままの味を楽しみます。

2章 —— 住

絶対に妥協しない
「家づくり」

長い時間かけて家づくりを楽しむ

私たちがブルターニュで最初に住んだのは、モルビヨン湾のほとりに位置するセネという小さな村でした。そこの「漁師の家」、フランス語で「メゾン・ド・ペシェ（la maison de pêcheur)」と呼ばれる、少なくとも築１００年ほどたった古い石造りの家でした。内装は60年代のもので、小さな裏庭がついていました。

実は、築１００年ぐらいだとフランスではそう古くありません。フランスの田舎には、築２００年、３００年という石造りの古い家が残っています。手頃な新築も見ますが、こうした古い家を自分たち好みに改装して住む層（私たちもそうです）が確実にいます。今では到底建てられない、日本の古民家に魅力を感じる人がいるのと同じです。実際、快適に住めるようにするには新築より時間もお金もかかりますが、みなそれは承知の上です。

フランス人がどんな住居を求めるのかは、個人の趣味嗜好と経済力によって左右されます。だから、誰もが求めるような平均的な項目がありません。日本だと一般に住居の日当たりを重視しますが、フランスだと土地の気候にもよるので、絶対条件ではありません。あえて傾向を挙げるなら、安易な妥協は絶対にしない、ということです。

セネの家を自分たち好みにするまで4年を費やしたでしょうか。夫がかなりの部分を一人でやっていたから時間がかかったのもありますが、長い時間をかけて家を完成させるのはフランスでは当たり前の話です。

プロに依頼しても時間がかかる理由

今暮らしているのは、ケア・ウェラ（丘の上の家）と呼んでいる1789年に建てられた古い農家です。18世紀末ですから、築250年ぐらいになります。2軒分が繋がったようになっており、買った当初、半分はまったく手つかずでした。もう半分は前の持ち主が住んでいた部分で、日本式に言う2階部分の床はむき出しのコンクリートのままでしたが、引っ越してすぐ住める状態でした。

それでも、上階の三つの寝室や廊下にモケットを張ったり、カーテンを付けたり、部屋のペンキを塗り直したりするのに数か月かかりました。これらの作業は夫のオリヴィエが一人でやるので、費やす時間は彼の気分次第。あっという間には出来上がりません。

フランス人は自分たちで思い通りの家を建てる人もいるし、内装を変えるなどお手のものですが、誰もが大工仕事が得意というわけではありません。だから、業者に頼むことも多々あります。

ところが、それでさっさと片付くかというと、そう都合よくはいきません。特に古い家の改装の場合、オールマイティにこなす業者はあまり信用が置けません。それぞれ必要な専門業者に頼むのが一番です。

さらにその業者も、知人を通して紹介してもらった方が間違いありません。ただ、信頼の置けるところは当然依頼が殺到していますから、こちらの都合より先方の都合で作業日が決まるので、ひたすら連絡を待つのみです。

石の壁を壊したり新しく窓の部分を開けたりする作業をするマッソンという石工、プラトリエという左官、タイル職人、電気工事の職人、水回りの工事専門の職人などなど別々に頼み、それぞれ1〜2か月は平気で待たされます。しかも工事の順番があるので、いっぺんに色々なところに依頼をかけるわけにいきません。

そのため、古い家の改築、改装に時間がかかるのはみんな始める前から覚悟しています。

これがフランス中で当たり前のことです。せっかちな日本人にはとても我慢できないし、家の改装に何年もかけること自体理解不能かもしれません。でも、ここでは、この段々に出来上がっていく時間も楽しむのです。

オリヴィエはブルターニュの職人さんについて、「待たされるが、約束はきちんと守ってくれるから信頼できる」と言います。これがおおらか（?）な南欧気質の南フランスだと、口約束で安請け合いすることが多く、何回催促しても埒が明かないことが多いそうです。待たされてもきちんと来てくれるブルターニュは、フランス国内でもまし。律儀な気質の土地で良かったと思っています。

石造りの家の魅力

ブルターニュの石造りの家は、主にグラニット（御影石や花崗岩と訳される）でできているため、少し黒っぽく見えます。

こうした古い家の屋根は、スレート、あるいはアルドワズ（ardoise）と呼ばれる、真っ黒な石で葺かれています。日本の瓦と同じですが、もっと薄く平たいものです。

ブルターニュの風景の特徴は、アルドワズの黒い屋根とグラニットの石造りの家です。私たちの住む30軒ほどの集落のうち、大部分がこの典型的なブルターニュの古い家です。ブルターニュの曇り空にも似合う、こうした重厚感のある家並みの「確かさ」が私は好きです。

我が家は義母が亡くなってから義父と同居をしたため、買った時に手付かずだった半分も快適に住めるように直し、二世帯住宅にしました。この時、北側の壁に2か所窓を開けるのに役所の許可が必要でした。文化財でもないただの古い家ですが、こうした手続きが必須のフランスは、このように、小さな村の景観でも細心の注意を払って管理しています。例えば、広い庭の一角に新しく小屋を建てたいとか、建て増しをしたいという時も当然許可が必要で、下りないこともあります。こんな経験から、フランスの田舎の景観が美しいのは、厳しい規制で守られているからだと分かりました。

庭でハンモックを楽しむ

ブルターニュに限らずフランス一般の一軒屋は、新旧ともに2階建てが普通です。田舎の家には大抵広い庭があり、テラスがあります。テラスは6人が座れるテーブルを置いても余裕の広さで、床部分は簡単に石を敷き詰めたりコンクリートで造られます。家から張り出した感じになるので、食卓の用意も楽だし、外なのでバーベキューもできます。あるいは、もっとお金をかけて南側にガラス張りの温室風の、冬でも使える本格的なテラスを造ることもあります。

うちは庭のクルミの木とエピンの木の下に、初夏から気持ちのいい影ができるので、そこに小さなテーブルと椅子を置きます。エピンは英語だとクラブアップルといい、5月には小さな真っ白い花を木全体につけ、秋は小鳥が大好きな赤い実をつけます。垣根があるので庭の中は外から見えません。この2本の木の間に、早ければ4月中旬からハンモックを吊るします。ここで本を読んだり、アペリティフで冷えたロゼのグラスを傾けたりする至福の一時が楽しめます。ゆったりしたペースの田舎暮らしならではの贅沢です。

石造りの家は室温が安定しやすい

田舎の古い石造り家の中は、階下が家族の共同スペースで、来客も階下で対応します。一般にキッチン、食卓、サロン（リビング）、バスルーム、トイレ。広い家の場合は、別に書斎など仕事部屋があり、洗濯機や掃除道具などを置くランドリー部屋もあります。階上は各自の寝室、バスルームとトイレ。部屋数は家の広さに比例しますが、最低2〜3部屋あります。平均的な部屋の広さは、日本の6畳間より広く、13平方メートルぐらいでしょうか。

そして、外側からは分からないものの、例外なくこうした古い石壁の厚さは1メートルほどあります。昔と違い、今は内側の壁面に断熱材を入れますが、基本的に石なので一度

木陰のハンモックは犬もお気に入り。しばしば占領されてしまいます。

暖めれば冷めにくいし、暑い時はなかなか外の熱気に影響されません。

　最近は、ブルターニュでも30度を超える暑い日がありますが、そんな時は、夜間から午前中10時過ぎぐらいまでドアや窓を開け放しておき、その後は閉め切って外の暑い空気が屋内に入らないようにして過ごします。これで室温は20数度でキープできます。

　自然の冷房なので体に優しく、エネルギー消費もゼロ。古い石造りの家ならではの利点です。

インテリアは唯一無二のアンティークで

改めて家の中を見回して気が付くのは、電化製品は別として、古いものばかりということです。サロンで使っているソファは完全に単なる中古品。肘掛け椅子や食卓の分厚い木のテーブルや椅子は夫の実家から来たもので、義父がずっと使っていました。テレビを置いている台も含め、何やかやと新品で買った物がありません。

例外は私たちと息子のベッドぐらい。フランスの古いダブルベッドは幅１６０センチが標準だったので、中古だと狭かったのです。私たちは現代のフランスサイズで幅１８０センチのキングサイズ、息子は一人で１６０センチのクィーンサイズを使っています。

我が家には、私の父が死んでから東京の実家を整理して持ってきた家具や、コンパクトなガラスケースに入った木目込みのかわいいお雛様もあります。日本からフランスまで運ぶのはなかなか大変でしたが、いずれも持ってこられて良かったと思っています。本来なら着物をしまう桐の和箪笥は、飾りではなく、服を入れてしっかり使っています。

こうした私の実家にあったものや彼の両親から譲り受けたものなどは、単に「古い」「中古」と表現するとくすんで古ぼけた印象を持ってしまいます。でも、それらを「アンティーク」あるいは「ヴィンテージ」と言い換えたらどうでしょう。受ける印象がまったく違って、たちまち魅力的なものになります。

古い家具の魅力

フランスの家具を例にとると、時代によってスタイルが違いますが、100年、200年の時を超えているものを普通の家でもよく見ます。いずれも本物の分厚い木の一枚板を使っていたり、精巧な技術と細工が施されていたりします。もし、今それらを新たに作ろうとしたら、いったいどんなに時間とお金がかかることか。いいえ、多分同じ材料、技術では作れないでしょう。つまり唯一無二の存在です。

ただ、フランスでも新築の公共住宅やアパートは、昔の家に比べると日本並みにコンパクトです。だから新しい家だと古い家具は大き過ぎ、場所を取るので人気がありません。むしろイケアの家具のほうがしっくり来ます。でも、そういう大量生産の家具が今後数百

1920年代のアールデコの照明。電球の傘はパット・ド・ベール (pate de verre) という当時作られていたガラス素材でできているため、柔らかい明かりになります。全体を明るく照らせる現代的な照明とは一味違います。

アンティークでそろえた家具

フクロウ形の夜間用のアンティークライト。それを置いている三角コーナー用の家具もアンティークですが、イギリス製でちょっと珍しいものです。

フランスのサヴォワ地方や隣接するスイスの伝統的な装飾を施した家具。こちらもアンティークで、タオルなどを入れ使っています。

お皿を壁にかけて収納する19世紀末まではポピュラーだったもの。大皿や変形皿を入れて活用しています。上段の湯飲みは飾りとして。ハーブ類をここに吊るして乾燥させることもあります。

桐の和箪笥は日本の実家から持ってきたもの。隣のベンチはオーストリアのアンティーク。どちらも赤い壁にマッチしていて、夫婦で気に入っています。

母の墨絵と祖母の書の合作屏風。フランスの家具と意外にもしっくり調和しています。

年も持ちこたえるかといえば、無理でしょう。また昨今は、限りある資源や持続的な社会についての理念が語られるようになり、フランスの若い人もこうした古い物を見直すようになっています。古くなって傷んだら捨てて買い替えるのではなく、年代ものを自分なりにリメイクしたり、わざわざ古着を買うこともファッションになりつつあります。

好みに合わないものは持たないフランス人

夫は主に19世紀末から20世紀初頭の照明器具を中心に、売ったり買ったり修理したりすることを生業としていました。もともと古いものが好きで、知識も豊富です。

そんな彼が、この近所で時々見に行くのが、町はずれにある赤十字のセンターです。ここには不要になった、でも捨てるにはもったいないと思う物が色々持ち込まれ、売られています。その収入は赤十字の活動資金に還元されます。

彼はここで、時に我が家に必要な物を格安で見つけてきます。今使っているソファや絨毯《じゅうたん》もそうです。うちには犬や猫がいるのですぐ汚れてしまうし、新品のいいものはこの値段の5倍からそれ以上します。中古品はお財布にとてもやさしいわけです。

キッチン用品なども安く売っていますが、安いだけで買っていたら物が増えるだけです。欲しいけど本当に必要か、使い続けたい物なのかを見極めます。そして絶対に欲しい、必要だと思ったら買います。私は衣服や道具を買う時、必要なもののイメージを持っているので、出会ったら即断、即決です。夫もそうです。買ったら最後まで付き合います。それでも不要になったら、それが役に立つ場所に持っていきます。

日本では断捨離が一大ブームを巻き起こしましたが、フランスではほとんど話題になりませんでした。もともとフランス人はしまり屋で、余計なものを持ちません。不要になったら蚤の市や最近はネットで売ったり、赤十字やエマユス（Emmaüs）などの慈善団体に寄付するのも当たり前です。だから家の中が不用品で溢れることがありません。

それからもう一つ。フランス人は、新旧に拘わらず好みに合うものを取り入れます。それが変わることもあり、合わなくなったら排除するので常にすっきり暮らせます。田舎の古い家は広いからものが増えそうですが、家主のテイストがはっきりしていればごちゃごちゃしません。幸い我が家は、私と夫の好みが一致しているので、インテリアについて揉めません。こういう一本筋の通った好みを持っているから、フランス人はセンスがいいと言われ、わざわざ断捨離をする必要がないのだと思います。

庭づくりで暮らしを豊かにする

フランスでは、パリ、リヨン、マルセイユといった大都市はもちろん、中程度の都市部でも庭付き一戸建て住宅はかなり限られます。昔からある大邸宅（美術館などの施設になっています）は別ですが、たとえ高級アパートで中庭があっても、それは通路であり、管理は管理人の仕事です。自分で好きにできる普通の庭とは違います。だから、みんな田舎に家を買ったら必ず広い庭を持ちたいと考えます。

実際、フランス人の趣味ナンバーワンは庭いじりです。リタイア世代はもちろん、現役世代も、菜園は無理でもプランター栽培や花を植えることを楽しんでいます。私はブルターニュに住むようになってから、庭や菜園の魅力に目覚めました。直接土に触れ、空を眺め、誇らかに咲く花々や育つ作物を見ていると、生きている喜びを実感できます。しかも、こうした時間は無心になれます。田舎は自然に恵まれていますが、自分の庭や畑で感じる四季の移り変わりはまた格別です。

私たちがなぜ、わざわざ海辺から内陸に越したかといえば、まさにこの庭が重要な理由でした。前の家には日当たりの悪い狭いバックヤードしかありませんでした。一応バーベキューぐらいはできましたが、大好きなバラを植えることもハーブを育てるのも無理でした。それに、都会嫌いで子供の頃から広大な敷地の大きな家で育った夫の庭へのこだわりが強く、引っ越しは彼からの提案でした。

数年後を想像してスペースをとる

我が家の庭の面積は3000平方メートルほどありますが、この辺りでは特別広くはありません。

ここに越して来てまずオリヴィエがしたのは、実のなる木を植えることでした。レーヌ・クロードというプラムを1種、リンゴの木を2種、サクランボは3種類。越したのが2月だったので、春を前にして木を植えるには、すべてが休眠中のちょうどいい最適な時期でした。1年遅らせると実の恩恵を受けるのも遅くなるので、近くのペピニエリスト(Pépiniériste、苗木屋)で、いずれも1メートルぐらいの苗木を買いました。

ブルターニュだと、大抵どこの家の庭にもリンゴやプラムの木があります。芝生は定期的に刈ってきれいにしています。庭に咲く花は色とりどりで、住人の個性が表れます。最初は「あんな花、こんな花がうちの庭にも欲しい」とよく見ていました。

これまで私は、広い庭を自分で管理する経験は皆無でした。何から手を付けたらいいかもわからぬまま、とにかくずっと憧れていたバラの苗を買ってあちこちに植えました。ハーブは菜園を少しずつ整備しつつ、その一角に色々植えてみました。

ところが、2年ぐらいたった頃、植物の位置やバランスがよくないことに気が付きました。植えた時はバラなどまだ小さく茎が1本しかなくても、次の年には脇や下から新しい枝が伸びてきます。最初はある程度間隔を取ったつもりだったのに、いつの間にか隣のバラときつきつになっていたのです。

ガーデニング初心者の失敗でした。植えた時の様子ではなく、何年かして育ってからの姿を想像して植えてやる必要があったのです。でも初めてだったので、そんな想像力を働かせることなど思いもよりませんでした。結局、何本かはせっかく落ち着いていたにも拘わらず、植え換えなければなりませんでした。今は、数年後を想像しながら植えるようになりました。

庭で育てたハーブでサラダが豪華に

ハーブも引っ越してきた当時から育てています。セージ、ローズマリー、フランス語だとシブレット（ciboulette）と言うアサツキに加え、タイムも植えました。

他には少し後に植えたオレガノ。これはピザに入れたり、トマトサラダに混ぜたりします。冬はさすがに葉も小さく、かなりしょぼしょぼになりますが、一度苗を植えたら大きく育ち、ずっとそのまま生きていてくれます。

独特の少し甘いような香りと味のエストラゴン。フランス料理では肉をマリネする時やソースの香りづけなどによく使われますが、うちではサラダにも入れます。これは寒くなると枯れてしまいますが、どっこい根っこは越冬し、翌春、暖かくなったらまた新たに芽を出してくれます。

一年草のバジル、コリアンダーは、毎年苗を買ってきて植えています。二年草のパセリは翌年まで生き続けることもありますが、多くの葉をつけてはくれません。コリアンダーは種が落ちて、勝手にあちこちから芽を出すこともあります。

これは蔓バラの一種です。一つ一つは直径3センチほどの小さい花ですが、一斉に咲くとボリュームが出ます。毎冬かなり短く剪定しますが、春にはすっかり伸びて5月に賑やかに咲いてくれます。

バラを思った通りに壁にはわせるのもちょっとした技術と想像力が必要です。窓にかかると中が暗くなるので、適度にあけています。

4月頃真っ白い花を一斉につけるエピンの木。奥のY字の木はクルミです。初夏から涼しい木陰になるので、外でのアペリティフには最適の場所になります。

それと、数年前から赤紫蘇を植えています。これは一度苗を買った後、種を採取して翌年蒔くと、ちゃんと芽を出してくれます。サラダや浅漬けに入れたり、薬味としても重宝しています。キュウリの酢の物に混ぜることもあります。季節の終わりには葉っぱを米酢に漬けてきれいな赤色の赤紫蘇酢にします。1か月ほど置いたら、漬けた葉っぱを取り出し、乾燥させ、もみ崩して塩をまぜればユカリにもなります。といってもこれを美味しく食べるのは私だけです。

他にはハーブティーにするミント。友人からもらったレモンバームがあります。ハーブを育てていて、使いたいと思った時にちょっと庭に出て切ってくればいいのは、便利なだけでなく楽しいものです。

我が家では食後によくローズマリーとミントを合わせ、ポットに入れて熱いお湯を注ぎ、4分ほど置いてから飲みます。口の中がすっきりします。冬はミントが葉を落としてしまいますが、落ちてしまう前に元気な葉をとって乾燥させれば冬も使えます。ローズマリーだけで飲むこともあります。

煮込み料理に使うブーケガルニも自家製で間に合います。ただ、ローリエがうちでは根付かなかったので、オリヴィエに頼んでおくと、近所から一枝調達してきてくれます。葉を乾燥させて使うので、一枝あれば1年ぐらい間に合いますし、売っているものより数段いい香りです。これにタイム、ローズマリーの枝を置いて一括りにして作ります。

セージは葉を生のままでも乾燥させたものも料理に使いますが、実は魔除けにもなるのです。家の空気が少し淀んでいると感じた時は、セージの葉をいぶし、煙で家中を清めます。その後は本当に清々とします。これは息子は無頓着ですが、オリヴィエも私も同様に感知することで、個人的な感受性の問題かもしれません。でも、こういう目に見えないものを感知する感覚は、日本人もフランス人でも分かる人はいるのだと思います。

そして、何より我が家のハーブたちが活躍してくれるのが、夏のバーベキューのお供にするサラダ・タブレ（Salade Taboulé）です。前菜にもなれば、焼いた肉や魚のサイドとしても食べます。フランスではクスクス（cous cous）ともいう小麦粉を原料とした粒状のパスタが主体の、主食にもなるサラダです。クスクス以外の材料としては、トマト、キュウリ、新タマネギなど。ハーブは何でも好みで加え、レモン汁と塩とオリーブオイルで味を調えます。

花とフルーツを飾ればお金いらず

　ブルターニュの古い家並みは、重厚で黒っぽいのが特徴です。「重厚」と表現しましたが、人によっては重苦しいと思うかもしれません。そんな暗い石壁を明るく彩るのが蔦や紫陽花、バラなどの植物です。特に、初夏から夏にかけて色鮮やかにこんもりと咲く紫陽花は、ブルターニュの少し暗い家並みに欠かせません。

　日本の紫陽花は淡い色で雨に濡れてしっとり咲いているイメージですが、ブルターニュの紫陽花と雨は無関係で、むしろ明るい日差しの中で華やかに咲きます。紫、青、ピンク、白のはっきりした濃い色で、これらは日本だと西洋紫陽花と呼び、淡色の紫陽花とは種類が違います。うちも建物に寄り添うような場所に植えていますが、紫陽花はブルターニュの古い家の素敵な装飾品です。

　外から見える場所だけでなく、庭や家の中に花があると明るいだけでなく、気持ちが癒やされます。

ブルターニュの石造りの家に一番映えるのはやっぱり紫陽花。

リヨン近郊の夫の実家には広大な庭があり、日本ではライラックと呼んでいるリラがありました。人の背丈より少し低めに刈りこまれ、丸くこんもり花をつけていました。傍に行くと甘い香りに包まれ、庭があったらリラも必ず植えたいと憧れていました。

今、我が家には4本のリラの木があります。植えっぱなしなので木になりました。リラは濃い紫、薄紫、白い花とありますが、うちのは全部薄紫です。房状に小さな花をつけ、少し開きかけたところで切って室内に飾ります。長くはもたないけれど、たくさん咲くし、一年に一度なので家の中でも楽しみたくて切り花にします。

　そして、大好きなバラも、リラに少し遅れて花をつけます。

　以前、フランスのインテリア雑誌の中に、石造りの田舎家の一室に飾られた大輪のバラの花の写真がありました。口の大きなグラスのようなガラスの器に、無造作に差した何気なさに心を奪われました。花屋さんで売っている非の打ちどころのないバラと違い、茎も短く幾重にも丸く重なった花弁は、自然で魅惑的でした。

　今、我が家の庭にあるバラは、ほとんどがこうしたオールドローズと呼ばれるタイプで、香りも強く、円形で花びらの多い大きな花をつけます。オリヴィエが古物市で

庭で育てたリラの花をアンティークの花瓶に挿して飾ります。

見つけてきてくれた1920年代のガラスの器は、雑誌の写真で見たのと同じで、これに挿したら憧れが現実になりました。

植物は苗を買うのに投資が必要ですが、その後は手間がかかってもお金はかかりません。それでいて家の中も外も華やかになり、心まで癒やしてくれる素敵な自然の装飾品です。

冬のインテリアはフルーツで

バラは夏の暑い時期は別として、秋も花をつけてくれます。しかしながら、さすがに冬は休眠です。春一番に咲くツバキやミモザ、水仙の時期を待たないと、庭の花を家の中には飾れません。

そんな時、拾ってきた栗や季節のフルーツが活躍してくれます。赤いリンゴやオレンジ色の柿や柑橘類、1年を通して売っているバナナなどを合わせ、大皿にきれいに盛ります。日本なら籠に盛ってもきれいでしょう。うちはオリヴィエが蚤の市で見つけてきた1920年代の入れ物に入れ、誰でも取りやすいところに置いています。色が華やかだし、いつでもそこから取って食べられます。

タマネギやエシャロット、ニンニクも、フルーツとは別のアールヌーヴォーの器に入れて幅広のキッチンの窓辺に置いています。これも一種の装飾ですが、実益も兼ねています。常に使うので、仕舞い込んでしまうより減り具合が一目で分かるし、ずっと便利です。

また菜園のハーブ類も冬はあまり元気がないので、マルシェでパセリや、日本でパクチーとも香菜とも呼ばれるコリアンダーを見つけると、一束買うことがあります。一回では使い切れないので、残りはお気に入りのグラスに挿して、キッチンの窓辺に置きます。使い勝手もいいし、実用を兼ねた飾りになります。

7月の紫陽花も秋を過ぎると花の色が変わって、別の味わいがあります。ドライフラワー風になるので、それを籠に入れて飾ることもあります。フランス人は普通によく花を買って家の中に飾りますが、田舎では庭で育てた花を飾れますから、お金をかけずに室内装飾が可能なのです。

インテリアともなるフルーツは、もちろん無駄なく食します。特に庭で生った実はジャムやシロップ漬けを作って保存食にします。これらは、せっかく生った実を無駄なく使い切ることから始まった田舎の知恵です。日本の漬け物も、無駄なく上手に保存する知恵から生まれたのではないでしょうか。

庭のリンゴとクルミもインテリアに。紫陽花のドライフラワーも添えて。

最初、私は楽しみでジャム作りを始めましたが、年を重ねるごとに、この作業にブルターニュの田舎で生活している故の必然性を実感するようになりました。

もともと都会育ちで田舎もなかったため、自分の畑でできた作物や庭になった木の実を使う経験はありませんでした。でも、ここで生活するようになり、土に親しみ、収穫したものを使い切る大切さに改めて気付かされました。それは自分で栽培したものだけでなく、売っている野菜や果物も同様で、無駄にしていいものはありません。

季節の果物を使ったタルトやクラフ

ティ。昔からフランスで作られているお菓子です。このような旬の果物をふんだんに使うお菓子も、田舎の生活の工夫が元になっているのだと分かります。

ここで暮らすようになって私は、お金をかけずに豊かに暮らすための方法を、今も楽しみながら学び続けているというわけです。

庭に咲いた一重のボタン。貝殻形の銀皿にはキャンディやチョコレートを入れることも。

大胆な色使いが内装のポイント

ブルターニュの古い石造りの家並みは、少し暗い印象を受けるかもしれません。でも、そういう家の中も重苦しく薄暗いと思ったら大間違いです。

フランスの家の内装には、家具も含めその時代、時代の流行があります。例えば、ルイ王朝時代の家具は金ぴかだし、19世紀末から20世紀初頭はアールヌーヴォー全盛。1960年代から70年代はオレンジ色とサイケデリックな幾何学模様が流行りました。

ブルターニュに移って最初の家には、そんな60年代に人気のあった派手な幾何学模様の壁紙が貼られていました。しかしファッション同様、時代が変わると古く感じることがあります。近年壁紙の人気は限定的で、気に入った色や柄、品質のものを探すのはかなり大変です。私たちは古い壁紙を剥がし、新たにペンキを塗ることにしました。

この時は、壁の色をサーモンピンクにしました。天井のペンキは、壁より薄い色にすると実際より高さを感じられるので、明るい薄いクリーム色を選びました。

以前、キッチンを明るい瑞々しい緑色に塗ったことがあります。当時、遊びに来た義母にとってはあまりに突飛な色だったようで、呆れられてしまったのを思い出します。その緑は、南フランスの乾いた空気の中ならしっくりきたかもしれませんが、結局ブルターニュの光には合わず、2年ほどで無難なクリーム色に塗り替えました。

フランスだと自分でペンキを塗る人が多く、気軽に壁や窓枠、家具のペンキを塗り替えています。気分転換に、とてもいい方法です。

家の中にお金と教養が出る

フランス人はアメリカ人と違い、お金の話をあからさまにはしません。伝統的にお金のある人ほどそれをひけらかすことを嫌い、むしろ隠すような傾向があります。家も同様で、古いお城や貴族の館（マノアと呼びます）の外観は昔のままですが、一歩中に入ると目を見張る家具や内装で整えられていたりします。

数世紀前の普通の古い家も、一歩中に入ると壁という壁に素敵な絵がかけられ、家具も一定の様式で統一されていたり、アンティークと呼ぶにふさわしい種類の置物がさりげな

薄めのオレンジに塗った壁には
オリヴィエの実家から来た絵を掛けています。

くあったりします。代々受け継いだものを大切にし、古いものに価値を置く人は、育った環境、そして祖父母、親の嗜好の影響が強いように思います。

　我が家の壁という壁にも、好きな絵がたくさん掛かっています。それはオリヴィエの実家にあったもの、彼が蚤の市で気に入って買ってきたもののほかに、私の母の墨絵やその先生の絵もあります。

　オリヴィエの実家から譲り受けた絵は決して高価ではありませんが、19世紀から20世紀初頭、一定の評価を得た画家の作品だと、受け継いだ本人が言っていました。

　義父母は、80歳で私たちが以前住んでいた家の近くに越して来ました。その家も外観は何の変哲もありませんでしたが、前の持ち主がインテリアデザイナーで、中はかなり大胆な設計と色使いでした。家の中にプールがあり、サロンの壁は紅赤。少し青みがかった濃い紅で、古い家具の木の光沢としっくり合っていました。日本だと考えられない色でも、湿度と光が違うからでしょう。意外な組み合わせでもハマることがあります。

ブルターニュには、曇り空の少し湿った空気を通る独特の光の陰影があります。そうした空気感に合う色、明るいパステルカラーのイエロー系やアプリコットなどのレッド系、パープル系がよく好まれます。

DIYのお店に行くと、ペンキ売り場が広くとられ、ありとあらゆる色が並んでいます。色見本帳も置いてあり、その中から選んだ色通りに調合してくれる設備もあり

明るい春が薫る、壁のフランボワーズ色とミモザの黄色のハーモニー。

ます。インテリアを大きく左右するペンキは、みんな好みにぴったりの色を選びたいからです。

もちろん、私たちも妥協せず好みの色を追求しています。

贅沢品こそ普段使いにする

私たちがブルターニュに住み始めた時、最低限の生活に必要なキッチン用品は、大方夫の実家からもらったものでした。朝食時のマグカップはずっと使っていたものがありましたが、皿や食卓で使うナイフ、フォーク、スプーンなどは全部お古でした。

フランスではナイフやフォーク、スプーンなどを総称して、クヴェール（couvert）と呼びます。と同時に、「食卓の用意をして」と頼む時も、「メトル・ル・クヴェール（mettre le couvert）」と言います。つまりテーブルの上にお皿やナイフ、フォークなどを揃えることですが、このクヴェールという単語には「食卓用具」「すべてを含むテーブルウェア」という意味もあるからです。

で、このクヴェール、夫の実家からもらったものは銀と銀メッキでした。私はこの頃、他のフランス人家庭を知らなかったので、みなこのような重みのある素敵なものを使っているのだと思っていました。でも、実際はそうでもないことを後から知りました。

スーパーやキッチン用品を売る店に行くと分かります。今はステンレスやプラスティックの、カラフルな柄のものが手頃な値段で手に入ります。たいていの家庭では、こうした扱いの楽なものを日常的に使っています。

これらは食洗機で手軽に洗えます。純銀製や銀メッキ製品も食洗機で洗うことはできますが、時間がたつと黒くなってしまいます。1年に何回か、銀製品専用のクリームで磨かねばなりません。気持ちよく使うには手間がかかります。

磨く時間もリタイア後の贅沢

忙しい現代では、落ち着いて何本もあるクヴェールを磨くなどなかなかできないし、特に共働き家庭では考えられません。それも仕方がないと思います。

そもそも19世紀半ば頃から、こうした銀製のクヴェールを結婚のお祝いとしてセットで送ることが習慣になりました。その頃、ブルジョアの家庭では必ずお手伝いさんがいましたから、マダム自ら銀製品を洗ったり磨いたりする必要などありませんでした。でも、今はそういうわけにいきません。銀製品を普段使いにするのは、ある種の贅沢になりました。

少しずつ集めたアンティークのクリスタルグラス。普段使いにするのが我が家流です。これらは絶対食洗機に入れず手洗いにします。そして基本、自然乾燥です。手間がかかっても、これは惜しみません。

オリヴィエが磨いたクヴェール。これだけピカピカにするには時間もかかりますが、この重みと輝きが気持ちを豊かにしてくれます。

日本だと各自決まった箸を持っていますが、フランスではフォークやナイフ、スプーンに自分用と決まったものはありません。裏にイニシャルが彫られているものもありますが、これは個人名ではなく、家、苗字のイニシャルです。1セット6本単位で、普通それぞれ12本ほどが引き出しの中に納まっています。これにコーヒースプーンなども入りますから、結構な数になります。

磨く時は、銀製品専用のクリームを布につけ、黒く変色したものを力強く擦って落とさなければなりません。その後丁寧に洗い、清潔な布でしっかり水分を拭き取ります。力も時間も掛かります。我が家では私もしますが、主に磨き上手な夫がやっています。

毎日毎食で使う、最も身近な道具。キッチンの引き出しの中にピカピカのクヴェールがあると、気持ちがいいです。しっかりした重みのある質感も手になじみ、絶対に手放せません。手入れは面倒ですが、普段に使うからこその喜びがあります。

グラスはすべてクリスタルに統一

我が家における贅沢をもう少し。普段使いのグラスから、シャンパン用の特別なフルート型のグラスまで、全部がクリスタルだということです。とはいえ、バカラなどの高価な新品は一つもなく、全部中古です。ある時、パリのアンティーク屋さんで見た値段に仰天しました。オリヴィエが蚤の市で買う時はせいぜい一客2、3ユーロなのに、そんな同じグラスが一客45ユーロもしていたからです。

このグラス・コレクションは、私がクリスタルが大好きなのを知っている夫が、蚤の市で良さそうなものを見つけると買ってきてくれるので増えていきましたが、棚の中にしまっておくだけでは意味がありません。使ってこそ生き生きとしてくれます。

もちろんクリスタルですから、使っていれば壊すこともありますが、それはそれで仕方がありません。100年ぐらい無傷だったグラスを割ってしまうと胸が痛みますが、形あるものはいつか消える、永遠ではありません。諦めも肝心です。

クリスタルのグラスは、絶対に食洗機に入れません。丁寧に優しく洗い、拭かずに自然乾燥させます。これも手間がかかりますが、その重み、光の透け具合、質感は、何物にも代えがたいと私は思っています。まさに、フランスで送る日常生活ならではの喜びです。普段の質感を大切にするのは、人に見せるためでなく自分自身の満足感を得るため。こうした感覚はフランス人の夫とその家族から学びました。

蚤の市で宝探しのお楽しみ

4月頃からフランス全国で毎週末、あちこちの町や村で、フランス語だとブロカント（brocante）が開かれるようになります。要は、日本語で古物市、蚤の市と言う露天市です。よく知られているのは、年間を通して毎週末開かれているパリのクリニャンクールやヴァンヴの蚤の市です。有名なブロカントはプロの出店者が多く、観光客も訪れます。

その点、田舎のブロカントは出店者も地元の人だし、訪れる人も日曜日の娯楽を兼ねた近隣の人たちがほとんどです。使わなくなった子供のおもちゃや絵本、赤ちゃんの服や子供服、大人の服や靴も売っています。失礼ながら誰がこんなガラクタ、くたびれた物を買うかといったものまで並びます。

主催者は地元のサッカーや柔道などのスポーツクラブ、学校、地域のアソシエーションなどですが、みな資金集めが目的です。出店者から場所代を徴収し、ケーキや飲み物を売って資金にします。ケーキ類は手作り。クレープやガレットもその場で焼いて提供しますが、すべて主催者側のボランティアです。

我が家の近所でも、毎年決まった時期に決まった場所でこうしたブロカントが開かれます。うちの食器やグラス、私のアクセサリーなどは、こうしたところで見つけたものがほとんどです。古いので、気に入ったブローチの留め金が壊れていたことがあります。その時も、家には修理のプロもいるし、何とかなりそうだったので格安で買いました。

開かれる場所や日程を知る方法

春以降、天候がよくなると、日曜日はあちこちで同時にブロカントが開かれます。近隣に限ったことではなく、フランス全国で、です。

そんなフランス中のブロカントの場所や日程をどうやって調べるかというと、近隣の場合は金曜日の新聞紙上にアナウンスが出ます。全国版ならフランス中の予定を網羅したブロカブラク（Brocabrac）というインターネットのサイトがあります。このサイトだと、探したい地域を選んで場所と日程を検索することができます。

ある程度の規模のブロカントだと、実施される数週間前から近隣のよく車が行きかういくつかの地点に手書きの案内板が出ます。「屋根裏部屋を空にする催し」という意味のヴィッド・グルニエ（vide grenier）と表現していることも多く、日付と開催地の町や村の名が大きく記されています。

ちなみに、何か探したい物があったり、オリヴィエのように仕事も兼ねた宝探しを目指す人は、早朝から出かけます。朝一番でないと掘り出し物は売れてしまうからです。普通に楽しみたい人々は、10時過ぎから家族連れやカップルで三々五々やってきます。

掘り出しものは一人ひとり違う

田舎のブロカントはほとんど不用品市のようですが、掘り出し物を見つけられることがあります。埃だらけのガラクタにしか見えない物の中に、その価値を察知できる人が見れば思わぬ素敵な品が隠れていることがあるからです。

趣味と実益を兼ねてオリヴィエは毎日曜日、早朝から出かけ、シーズン中はいくつものブロカントをはしごします。今はリタイアしていますが、彼の仕事はアンティークの照明器具の修理や、それを売ったり買ったりするものだったので、好きで続けているのです。

それと、フランスにはいろいろなコレクターがいます。例えばワインオープナー一つとっても、好きな人は古い時代の物をあちこち探し歩き、買い求めます。コレクターの趣味が高じて、私設ミュージアムを開いてしまう人もいるほどです。

みなそれぞれ探している物、お宝と思う物は違います。時には宝くじの1等に当たるような幸運な買い物ができることもありますが、それはごく稀です。でも、みんな好きなのです。そして、一般的にはここで子供服や実用品を安く買い、楽しみながら節約をしています。

実は、私もたった1ユーロで、今は洗面所で輝いている、歯ブラシなどを入れる細長い素敵なクリスタルの器を手に入れたことがあります。

これは、オリヴィエと一緒にたまたま行ったブロカントで出会いました。様々な物が雑多に入った箱の中から、それに呼ばれて手に取りました。ずっしりした重さと縁のローズピンク色に心を奪われました。バカラのサインが入った、1920年代に作られた洗面用具シリーズの中の一つでした。後でオリヴィエに見せたら「ビギナーズ・ラック」だと言われました。

手間がかかっても暖炉を使う

11月も中旬になると、フランスは初冬というより本格的な冬の気温になり、24時間暖房が必要になります。我が家の暖房の基本は電気ですが、サロンは暖炉だけです。

暖炉は飾りではなく、一桁の温度が続く寒い冬の間の必需品です。しかも、他の暖房器具にはない優しい暖かさがあります。柔らかく、ぬくもりという表現がぴったりの癒やされる暖かさです。暗い冬の日、赤々と燃える暖炉の炎は気持ちまでぬくぬくにしてくれます。

フランスは田舎だけでなく、昔から都市部でも暖炉が活躍していました。パリ市内には現在13万5000基ほどの暖炉があると言われています。ただし、現役はそのうちの10％。しかも、実際に使うのは一冬にせいぜい6、7回に過ぎません。ほとんどインテリアと化しているのが実情です。

都会だとそれも致し方ない面はあります。なんといっても、薪やその置き場の確保に困るでしょう。パリでは結局撤回されましたが、車同様CO2排出の大気汚染問題で、一時暖炉禁止令が取り沙汰されたこともあります。その点、田舎は十分にスペースがあるし、暖炉の煙で大気汚染が問題になることもありません。

ただ、自分で暖炉の世話をする立場になって分かったことがあります。魅力的な半面、常に注意して見ていなければならないことがあるのです。

薪の手配、煙突の手入れ…

まず8月から9月中に、業者に薪の手配をします。もし自分の家の木で薪を賄うことが

昔の暖炉の中に設置した現代的な暖炉。
熱効率もよく、家の中が煤で汚れることもありません。

できても、木を切る手間に加え、切った木を最低2年は寝かせて乾かさなければいい薪にはなりません。

薪は一冬分、雨に濡れない場所で保管しなければなりません。寒くなったら毎日そこから使う分を家の中に運び入れます。着火時は、点火用のキューブ、燃えやすい小枝と太い薪が必要です。今は私もできるようになりましたが、着火のコツを掴むまでは悪戦苦闘しました。

火がついてからも放ってはおけません。定期的に様子を見ながら薪を足してやらないと消えてしまいます。夜も一晩中つけておくので、太くて質のいい薪をくべれば長時間ゆっくり燃えてくれますが、ふさわしいものがあるとも限りません。調節はなかなか難しく、暖炉は手間がかかることを実感しています。

外出時は特に気を遣います。誰もいない間、火事にならないように気を付けると同時に、帰宅時に暖かいよう消さずにおかねばなりません。一度消してしまうと再度点火するのは面倒だし、そもそもすぐには消せません。

火事を防ぐ意味では、本格的に暖炉を稼働させる前に煙突掃除の専門業者に頼む必要があります。これをせずに万一暖炉が原因で火事が起きても、火災保険が下りないからです。

煙突掃除の領収書は、一冬きちんと保管しておかなければなりません。ちなみに、1回の料金は75ユーロ、日本円で1万円をちょっと超える値段です。

それでも優しいぬくもりに癒やされる

少し前の話になりますが、家の中に置いておく薪を入れる昔ながらの丈夫な籠を探していました。

そんな時、あるブロカント(蚤の市)でいかにも頑丈そうな古いタイプの手編みの薪用の籠を売っている人に出会いました。聞くと、ついこの間まで自宅で使っていたけれど、暖房をすべて電気にしたのでいらなくなったとのこと。思い描いていたものとぴったりだったし、値段も新品より安かったので、即買いました。

最近の新型の暖炉は、昔のものに比べて随分熱効率もよく、薪の量も経済的で扱いやすくなっています。とはいえ、単純にスイッチで火を付けたり消したりできません。だから、籠を売っていたおじさんとその娘さんが、普通の電気暖房にしたことに満足げだったのは当然でした。

8月、業者に注文して届けてもらった薪。
これを全部ガレージの所定の場所に片づけるのは私たちの仕事です。

でも、彼らも幾冬か人工的な暖房器具と共に過ごしたら、きっと暖炉の火が恋しくなるに違いありません。赤々と燃える暖炉の温かさは、何物にも代え難いぬくもりで、気持ちまで癒やしてくれるからです。

暖炉に手間をかけられるのは、ある種の「ゆとり」を享受することかもしれません。でも、リタイア後なら時間だけはたっぷりあります。

フランスの田舎の、こうしたゆとりに一度触れると離れられなくなります。

エコに暮らせば節約できる

さすがに自給自足とはいきませんが、田舎ではどこの家にも庭があるので、そこで春から野菜作りに励むのはかなり一般的なことです。といっても、それはうちのように時間のあるリタイア世代においてです。

3月中旬以降、園芸店には植え付け用のタマネギ、エシャロット、ジャガイモ、ニンニクが並びます。4月になればマルシェでも夏野菜の苗が売られるようになります。

こうした家庭菜園の場合、除草剤や化学肥料を使う人はあまりいません。自家用ですから、形が悪かろうと小さかろうと身体に優しく美味しいのが一番。だから、オーガニックが主流です。

肥料は園芸店で買うこともありますが、コンポストの容器を設置し、そこに生ごみを入れて天然の堆肥にして使っています。うちの容器は、もう何年も前に地域の役所から案内が来て、無料でもらったものです。それを菜園の隅に置き、キッチンで出た野菜くずや柑橘類を除く果物の皮や芯、卵の殻、食べ残しなどを入れています。

これ、最近では田舎に限らず都市部でも多くの所で実施されています。さらに2024年からはフランス全国で、すべての生ごみの堆肥化が義務付けられます。家庭ごみの約30%が生ごみというデータもあり、自宅にコンポストの容器を置くか、自治体が公共のコンポスト容器をごみ箱同様に設置することになります。都市部の生ごみは土を豊かにする天然肥料としてだけでなく、肥料をバイオガスに変換し、公共交通機関の動力源にも利用することが期待されています。

雨水の上手な利用

田舎では個人でのコンポスト利用ですから、都会とは利用範囲が違いますが、再生可能なエコロジーという点では同じです。

そして、我が家ばかりでなくこの辺ではみな、雨水を貯めて庭の花々や菜園の水やりに使っています。もちろん、雨が降ってくれればこの溜め水を使う必要はありませんが、ブルターニュでも時期によっては1週間以上雨が降らないことがあります。そんな時に水道水で賄うのは、経済的な面でもエコロジー的にも高くついてしまいます。

農業ではなく個人で雨水を貯蔵するだけですから、せいぜい1㎥から欲張って2㎥です。これでなんとか次に雨が降るまで間に合うのが常です。雨水は庭や菜園に撒くだけでなく、新しい住宅では水洗トイレの洗浄水に利用しています。ただし、我が家のような古い家に後付けするのは難しく、庭で利用するのが精一杯です。

我が家にはラッキーなことに井戸があるので、ブルターニュでは珍しい2022年の水不足にも十分対応できました。井戸の深さは17メートルあります。石積みの壁で囲まれ屋根もあり、金網の扉も付いています。調べていないので飲料にできるかどうか分かりませんが、ひんやりと透き通った水です。

冬の寒さを想定した住宅のつくり

もう30年近く前の話になってしまいますが、義母が一度だけ東京の私の実家に来たことがあります。それは1月の寒い時期でした。実家は典型的な木造の日本家屋。フランスとはお風呂の使い方も違うし、特に脱衣所が寒くて、彼女は大変な思いをしました。

昭和の木造建築でお風呂場が寒いのは普通でしたが、フランスではサル・ド・ヴァン(salle de bain、脱衣所と浴室が一体になっている)を常に快適な温度にしています。義母が服を脱ぐのにあまりの寒さに悲鳴を上げた訳がよく分かりました。

日本でも寒さの厳しい地域の家屋は、断熱対策がしっかりしていると聞きます。冬は東京の家のほうがずっと寒いと、北海道生まれの友人に言われたこともあります。その点、ブルターニュは海洋性気候で厳しい寒さに曝されることは稀ですが、冬が長いだけに寒さ対策はしっかりされています。

もちろん、昔からそうだったわけではありません。古い大きな農家では、家畜も同じ屋内で飼い、その暖を利用していた時代もありました。しかし、現代は石造りの古い家も屋根裏や壁に断熱材を入れ、住みやすく改装されています。窓も二重ガラスが当たり前になり、最近では三重ガラスにしている家もあります。これらは騒音対策ではなく、熱を逃がさず、外気の影響をできるだけ受けないようにするためです。

燃料代の値上がりはフランスも例外ではありません。古い石造りの家の場合、たとえ改装にお金がかかってもエネルギー効率をよくすることは、長い目で見れば快適な上に経済的です。こんなところにも、フランス人の居心地の良さを追求する姿勢が見えます。

3章 —— 暮らし

スローライフを楽しむ田舎暮らし

フランス人は間接照明の名手

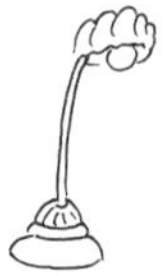

私たちがブルターニュで暮らし始めてから2年目ぐらいに、イタリアに1年ほど住み、その後もスペインなどへ気ままに旅をしていた友人が訪ねてくれたことがあります。季節は秋。9月も末頃だったでしょうか。日が傾きだすとかなり薄暗くなるため、うちは割と早い時間から電気をつけていました。それに気が付いた友人に、「フランス人にしては珍しく早くから電気をつけるんだね」と言われました。

そう指摘されるまで、まったく意識していませんでした。その後、近所を見渡してみると、確かに我が家ほど早くから明かりを灯す家はほかに見当たりませんでした。そういえば、リヨンの夫の実家でも、かなり薄暗くなるまで家の中の明かりをつけなかったと思い当たりました。

友人に言われました。「イタリア人やスペイン人、フランス人もそうだけど、みんななかなか電気をつけないよ。日本人は暗いのが嫌いなのか割と早くから電気をつけるけど、ヨーロッパの人ってそうじゃないよね。オリヴィエは変わっているね」と。

そうかもしれません。彼は暗く長い冬が嫌いなので、薄暗い中途半端な時間帯は少しでも明るくしていたいようです。

なかなか電気をつけない人たち

フランスで家計に占める電気代は、税金も含まれるので結構高くつきます。我が家の暖房も暖炉と電気も使っていますから、冬はいっそうそれを感じます。電気を無神経につけっぱなしにしていれば、その消費量は馬鹿になりません。だから一般に、電気をなるべくつけないように気を付けているのが実情です。

ただ、よほど薄暗くならないと部屋の照明をつけないのは、単に経済的な意味だけでなく、ヨーロッパ全般、特にフランス人は部屋中を煌々と明るくすることをあまり好まないからです。それより、夜は間接照明を好みます。

日本では部屋全体を明るくするのが普通ですが、食卓は別として、こちらではサロンにはスタンドや小さな照明器具を置いて、ポイントで明るくします。現代的なスポットライイトを設置する人もいます。

夜の間接照明は、部屋の雰囲気を落ち着いたものにしてくれます。テレビを見るのもこのくらいの明かりが丁度よく、オリヴィエも夜は全体の照明は消します。新聞や本を読む時は、ポイントでソファ脇のスタンド・ライトをつけます。

また、フランスの家の照明で、青白い明かりの蛍光灯をほとんど見たことがありません。部屋全体を照らす明かりは、オレンジ色の優しい光が主流です。

フランスでは2015年前後に、タングステン入り電球の生産が取りやめになり、すべてLED電球に切り替えられました。電気消費量が格段に少なく、エコロジーの観点からエネルギーの節約になるため取り入れられた政策でした。

当時、我が家も少しずつLED電球に変えましたが、最初の頃はどうしても色に難がありました。青白い光で、シャンデリアや年代物の照明器具には馴染みませんでした。私たちもその明かりに慣れることができず、結局また古いタイプの電球に変えたりしました。

近年はLEDでも昔ながらの優しいオレンジ色のものが出回るようになり、持ちも随分改善されました。今は照明器具の電球は全部そのタイプに変えています。

間接照明は、日本で長く暮らしていた私にはあまり馴染みのないものでしたが、慣れるにしたがってその居心地の良さを感じるようになりました。
特に夕食後、サロンで寛ぐには最適です。適度なランプの明かりが、リラックスした安らぎを演出してくれます。今ではこの魅力にぞっこんです。

1920年代の子供部屋で使われていた夜用ランプ。
我が家では階下と寝室の廊下に置いて、夜中つけっ放しにしておきます。

防災もオシャレに備える

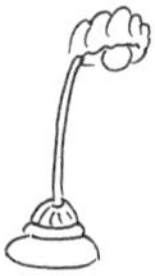

日本ほどではありませんが、フランスにも地震があります。特にイタリアに近い南フランスでは、かつて大きな地震に見舞われたこともあります。北西のブルターニュでもたまに地震がありますが、地盤が固いので揺れを感じることはまずありません。

主にここでは、大きなトラックが通っているような地鳴りがします。オリヴィエはそれが地震だとは想像もしていませんでした。地震大国日本で育った私は「地震かも？」と思うのですが、特に報道にもならず、翌朝の新聞を見てようやく地震だったと分かるようなことが数回ありました。

我が家は築３００年近いですから、幸いにもこれまで大きな自然災害に遭うことがなかったのだと思います。それでも毎年何回か嵐に見舞われます。風で屋根の瓦が飛んだりずれたり、サテライトアンテナが動いてしまうこともあります。

この辺りだと、悪天候で怖いのが突風を含む強風です。ここは丘の上なので、大雨や長雨でも、まず水害の心配はありませんが、窓から見える遠くの大木が、まるで竹がしなるように揺れるのを見ると恐怖を覚えます。

田舎では、決して家の脇に大きな木を植えるなという鉄則があります。なぜなら雨が続いて地盤が緩み、そこに大風が吹くと太い枝が折れるだけでなく、木が根こそぎ倒れることがあるからです。その木が家を潰し、時間帯によっては住んでいる人の命を奪うこともあります。

うちでもある大枝が、突風で引きちぎられたことがあります。折れたのではなく、無理やり引っ張られてちぎれた感じでした。この時は、菜園内の温室のガラスも半分ぐらい吹き飛ばされ粉々でした。今までになく突風、強風の恐ろしさを実感しました。

ロウソク、マッチ、懐中電灯に昔ながらのランプ

嵐だけでなく、ただの強風注意報や雷の時も注意が必要です。強風で倒れた木や枝が電線にかかって停電になるからです。雷は変電所に落ちることもあります。

今の家に越した当初の数年は、1年に2、3回は停電がありました。最初は驚きました

燭台もアンティーク。雰囲気を出したい時にはロウソクでディナーをとることも。

が、重なるうちに対処にも慣れ、時によってはそれを楽しめるほどになりました。

昼間の停電は我慢のできる範囲ですが、夜はさすがに真っ暗だと困ります。うちはプロパンガスなので電気が止まっても調理はできますが、真っ暗ではそもそも料理は無理。満月の前後なら月明かりで間に合うものの、夜空が雨雲に覆われていたら月は見えません。

こんな時は停電用常備品が役に立ちます。ロウソク、ロウソク立て、マッチ、数種類の懐中電灯、さらにアンティークのランプです。ランプはまだ電気がなかった18世紀後半から1900

年代に使われていたものです。燃料の油を入れ、火を灯す芯も新品に変え、いつでも使えるようにしてあります。

これだけ揃っていると暗い夜でもまず困りません。もともとフランス人は間接照明がお得意だし、ロウソクとランプの明かりで家中ちょうどいい加減になります。かえって普段にはない、ロマンチックな夕べが楽しめます。

雷は夏場に多いですが、嵐や強風はまだ寒い時期にあります。停電になると電気暖房も使えませんから、暖炉が強い味方になってくれます。

こういう時は文句を言っても始まりませんから、遊び心を持って楽しむの

夫が子供時代、祖母から教わったミカンの皮を使ったランプ。

冬季限定のお楽しみ。

がフランス的です。しかし、そう構えていられるのも数時間の停電だからです。通常この辺りの停電は長くて1日です。日本のように地震で数日も続いたら楽しむ余裕はないでしょう。

停電は備えがあれば何とか過ごせます。真っ暗でも迷わず手に取れるよう、停電用備品は決まった場所に置き、懐中電灯の予備電池など、ここでも最低限の用心はしています。食品の備蓄も、停電に限りませんが万が一のため常備しています。

フランスでも近年、水害、干ばつ、森林火災など大きな自然災害が起きています。ゴルフボール大の雹《ひょう》が降ったり、竜巻も発生したりします。地震も、たまにはあります。ブルターニュでも天気予報を見つつ、日々の極端な天候変化に注意を払って備えています。

乾燥した空気は風呂いらず

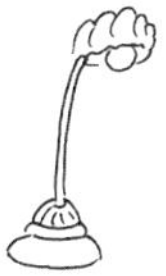

暖かい時期、たまにパリへ遊びに行くと、白いブラウスの襟や袖口がすぐ黒っぽくなってしまいます。それが田舎だとほとんど汚れません。

田舎で気になる汚れと言えば、泥でしょうか。畑仕事や雨上がりの散歩時、衣服につきます。また、雨で濡れた靴で床が汚れます。でも、泥は乾いてはたけば落ちるし、床のタイルはモップで拭けばすぐ元通りになります。

一般にフランス人は、キッチンの掃除はまめにしても、他の場所に掃除機をかけるのは週1、2回というのが平均的です。我が家には大型犬と猫もいるので、土埃は余計に入るし毛も落ちますから、掃除機をかけるのと同時に床のタイルをモップで専用洗剤を使って拭きますが、こうして家中の掃除をするのは週1回です。

我が家もそうですが、田舎の大きな家だと、こうした掃除は最低でも1時間ちょっとかかります。日本の主婦は毎日掃除機をかけるそうですが、フランスでは考えられません。

コンパクトな家でもアパートでも、広さに関係なくそこまでやる人はまずいません。

掃除の頻度のほかにも、日本人とフランス人では決定的な清潔感の違いがあります。

コロナの流行当初フランスでは、外出から戻ったら手を洗う、咳をする時は口を腕で覆う、ティッシュペーパーは一度使ったらごみ箱に捨てる、などが推奨されました。テレビの政府広報では、実際の人やイラストで分かりやすく表現していました。「外出から戻ったら手を洗う」。これ、日本だと当然の習慣ですが、フランスはそうではありませんでした。咳に対しても無神経でした。ティシュペーパーは日本よりずっと厚手なので、鼻をかんでも2度ぐらいは使い回すのが普通でした。

我が家の例だと、キッチンの食器洗い用スポンジを、夫に家具の埃や汚れを落とす時に使われてしまいます。別の場所に掃除用スポンジがあっても、です。仕方がないので頻繁に取り換えて対処しています。

義父は、日中は室内でもきっちりした靴を履きっぱなしでした。夜、寝室で室内履きに履き替え、朝、身支度を整えたらまた靴を履いていました。現代は家の中で靴を脱ぐ人も増えていますが、これはあくまでも寛《くつろ》ぐためです。フランスのスーパーには室内履きのコーナーがあり、日本のスリッパよりは丈夫でかかとまですっぽり入るタイプなどが売られています。

我が家は、私は当然ですが、夫も息子も外出から戻ったら靴を脱ぎ、室内履きに履き替えます。ところが彼らは、それで外にも出てしまいます。薪を取りに行くことも、ガレージや畑に行くこともあります。一度、ユニクロの室内用スリッパを息子に買ったことがありましたが、それで庭にも出るので1か月で壊れてしまいました。

確かに、少しのことで外用の靴に履き替えるのは面倒です。二人に異を唱えても無駄なので、室内履きは柔らかい室内専用でなく、私自身のも含めて底のしっかりした丈夫なものを選ぶようになりました。

髪も毎日は洗わない

ブルターニュに住み始めた頃、髪の毛を頻繁に洗わないほうがいいと美容師から言われ、驚きました。日本と違い乾燥しているので、毎日洗うと髪がぱさついてしまうからでした。

フランスでも、都会住まいの人は毎日シャワー、それも朝出かける前に浴びますが、田舎だとシャワーを使うのは週2回ぐらいです。少ないと驚かれるかもしれませんが、汗をかかないし、多少かいてもベタベタしないからです。空気がきれいで、乾燥した気候ゆえです。ただし、夏季だったり、激しい運動や庭仕事をした時は別です。

太陽王と称されたルイ14世の時代、ベルサイユ宮殿にはトイレがありませんでした。それゆえ香水文化が発達したと言われています。優雅とはほど遠い話ですが、香水は男女共にクリスマスのプレゼントによく用いられます。

日常的には、体臭や汗の臭いを防いだり取り除く効果のあるデオドラント、フランス語だとデオドラン（déodorant）が使われています。無臭タイプもあり、夫は夏場これを使っています。息子はオードトワレ派ですが、やはり夏は実用的なデオドラントも使います。

今でもフランス、特に田舎だとバスタブにゆっくり浸かるのは少し贅沢なことで、大抵の人はシャワーだけですませます。ところが、2005年と少し古いですが、当時の週刊誌に「71%のフランス人が1日に1回シャワーを使っているが、一定の割合でお風呂はもちろんシャワーも浴びない人がいる」と書いてありました。ちょっと信じ難いことでしたが、完全否定もできませんでした。

実は、今は亡きお向かいのジェラールおじさん。一人暮らしだったのでときどき訪ねていた夫が、サル・ド・バン（風呂場です）が物置になっていたと驚いて帰ってきたことがあったのです。

その時、この記事を思い出しました。もしかしたらおじさんは、「一定の割合」の仲間に入るのかと。でも、すぐに違うと自分の考えを取り消しました。その頃彼は、毎週末ガールフレンドのお宅に行っていて、週が明けるといつも小ざっぱりした服を着て帰ってきていたからです。ただ、自分の家にいる4日ほどの間、着替えていたかどうかは定かではありません。

いずれにしろ、あまり清潔感にこだわるとストレスになります。特に家の中では適当に目をつぶり、適度に清潔を保てればそれでよしとしています。乾燥しているフランスならではの暮らしです。

アクセサリーを使いこなす

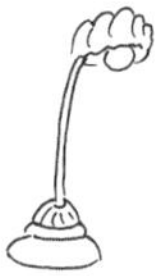

パリでメイクアップアーティストとして働いている日本人女性に会ったことがあります。彼女は日本で美容師をしていましたが、思うところがありニューヨークにメイクの勉強に行ったそうです。その帰国時、短期のつもりでパリに寄ったら気に入ってしまい、労働許可証も取って居つき、今に至っているというわけです。

その彼女が、アメリカとフランスではメイクの傾向が違うと教えてくれました。

「いい例がテレビの女性ニュースキャスター。アメリカのキャスターのメイクはどちらかというと、くっきり、はっきり目立つメイクなのに、フランスはそうじゃないの。肌は自然の色に近く、目を強調するようなメイクもしていない。口紅の色も、アメリカは赤やオレンジだけど、フランスは押さえたベージュ系を塗っていることが多いのね。そのせいか上品な印象を受けるのよ」と。

メディアで毎日多くの人に見られているキャスターの女性ですから、視聴者の好みを反映するという意味でも、フランスではシックなメイクや装いが好まれるようです。

個性を大切にしつつTPOに合わせる賢さ

とはいえ、フランス人女性がみんなシックなわけではありません。日本の雑誌で、よくパリの街角の洗練された女性が紹介されますが、それは当然選ばれた人です。実際には肌の色も違うし、太っている人もいれば、派手なメイクや服装を好む人もいて、様々なセンスの人がいます。

だいたい、フランス人は他人の批評などあまり気にしません。「私は私、あなたはあなた」が徹底しているからでしょう。女性のおしゃれも無難な平均点を目指すのでなく、自分の好きなメイクと装いを楽しみます。

けれど、TPOだけは大切にしていて、もっとも顕著なのが、昼と夜の装いの違いです。以前、バカンス先で、フランス人の若い女の子が何人かで夕食に出かけるのに会いました。その子たちのことは昼間も見かけていました。日中着ていたラフな服装とそう変わらないのにどこか華やいだ印象で、何が違うのかと思ったら、大ぶりの素敵なイヤリングが加わっていました。アクセサリー一つでまったく違う雰囲気になる。こうした違いを演出するところが、フランス人女性はおしゃれだと言われる所以ではないでしょうか。

仕事の時はきっちりした服装でも、夜のプライベートな外出は、ブラウスのボタンを一つ外し、アクセサリーやスカーフを加えて違う雰囲気にします。時間があれば一度家に戻り、その場にふさわしい服に着替えて出かけることも厭いません。

私は家にいる時でも、日中はそのまま外出できる服装（ジーンズなどですが）を、毎朝気分に合わせて選んでいます。メイクは普段も外出時もしませんが、アクセサリー、特にイヤリングは必ずつけます。こうすると気持ちがシャンとします。

夜出かける機会も場所もそうない田舎の女性たちは、1日家にいる時でもおしゃれに一定の気配りをしています。これは近所の友人の日常を見て学びました。

髪の手入れはおしゃれの要

時折、ニュースで老人施設が映し出されることがあります。車椅子の人も、障害を持った人もいますが、みな一様に小ざっぱりとおしゃれに見えます。テレビに映る特別な日だからではないようです。というのも、習い事のコーラスでこうした施設に歌いに行った時も同様の印象を受けたからです。服に小さなアクセサリーやスカーフを足していることも多いのですが、なによりぼさぼさ髪の人がいないからでした。

パリはいろいろなお店がひしめいているので、美容室の数は目立たないかもしれません。でも、ブルターニュの小さな町の中には、ざっと数えただけで5軒ぐらいの美容室があり、引退して閉めることはあっても、つぶれた話は聞いたことがありません。

フランスには美容室だけでなく、フリーの美容師がいます。彼らは施設や各家庭に出向き、美容室と同じ仕事をしてくれます。電話で予約をすれば来てくれますから、外出しづらい高齢者にとっては、ありがたい存在です。

どんなに素敵な服とメイクで決めても、髪がぼさぼさだったら台無しです。その反対に、髪型が素敵に整っていると、全体がまとまって見えるから不思議です。フランス人女性のおしゃれの秘訣、どうやら髪の手入れにもあるようです。

髪型だけでなく、フランス人女性は髪自体の手入れにも気を使います。それは、スーパーのヘアケア製品のコーナーを見ればわかります。その数の多いこと。一面の棚に髪質の違い、髪色の違い、傷んだ髪用、ボリュームを出すなど、とにかく様々なタイプの商品が

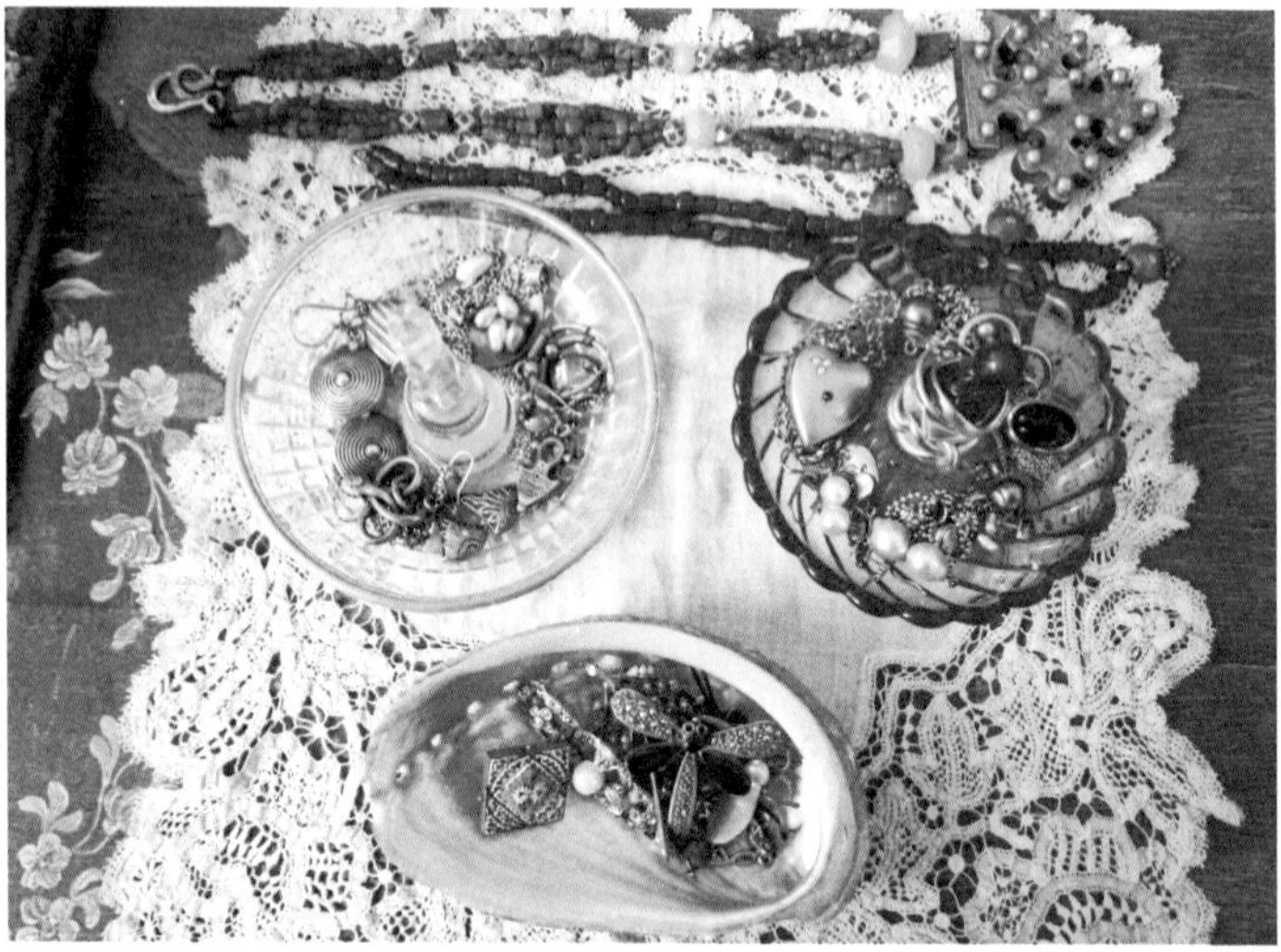

手前のブローチ類は蚤の市で。
上のハート形のペンダントはオリヴィエが見つけてきてくれました。

並んでいて、ノンシリコンのBIOシャンプーもあります。

私は美容院で勧められたシュワルツコフ（Schwarzkopf）のシルバーヘアー用シャンプーと、洗い流すクリーム状のリンスを使っています。

ブルターニュの水は軟質なのでこれで間に合っていますが、パリなど硬質の水だと、シャンプー、リンス、ヘアーオイルの3段構えで対応している人が多いようです。

メリハリをつけてお金を使う

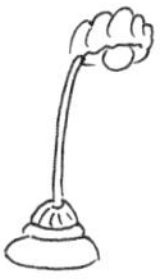

フランス人はケチだとよく言われます。確かにフランス人は、無駄と思われることにお金を使いません。日本のように盆暮れに贈り物をしたり、親戚友人に旅のお土産を配る習慣もありません。義理に流されることなく、合理的なお金の使い方をします。ケチというより倹約家なのだと思います。

ロシアとウクライナの戦争が始まって、フランスでもガソリン代が上がりました。だから、会社に車で通う人は工夫をしています。可能な限り近場の同僚数人と都合をつけ、共通の場所で待ち合わせ、順番に誰かの車を使ってガソリン代を節約しているのです。

この方法、以前から行われていて、コ・ヴォワチュラージ（co-voiturage）と言います。「コ（co-）」は「相互の、共同の」という意味で、下の「ヴォワチュラージ（voiturage）」は古い単語で、馬車による運搬とか運送を意味します。つまり相乗りです。

うちの近くを通っている自動車専用道路の出入り口には、数年前、無料のコ・ヴォワチュラージ用の駐車場ができました。

2022年から23年にかけての冬は、計画停電が云々されました。電気料金が上がったこともあり、それは大変だとみな一斉に暖房の温度を下げたり、小さな無駄を省くことに心を砕きました。それで例年の冬場より10％ほど電力消費量が減るという、驚きの結果になりました。

地域によって多少時間帯が異なりますが、我が家の周辺の場合、夜9時半から翌朝の6時頃まで電気代が安くなります。食洗機や洗濯機はできるだけこの時間内に回します。こうした細かいことも、一年で見ると結構大きな違いになります。このようにフランス人は、必要とあらば節約、無駄を省く努力を惜しみません。普段お金の話はしませんが、節約情報についてはオープンです。

リタイア組はオフシーズンに旅行へ

フランス人は倹約家ですが、趣味や娯楽となると、適度に、また時には思い切ってお金を使います。

外食の場合、どこも昼はお得なムニュ（menu）という定食を出しています。レストランの格によりますが、平均30ユーロほど。飲み物込みだと一人40ユーロにはなるでしょう。夜はその倍からもっと上がります。でも、これは非日常の外食ですから、行く時は出費覚悟です。

レストランだとワインを瓶かグラスで頼みますが、ビストロ系ならハウスワインをピシェ（pichet）と呼ぶ水差し型の入れ物で頼むことあります。これは量を選べるし、安上がりで便利です。外食でのワインはどこも割高ですが、抜かすことはできません。ちなみに、フランスで酒類持ち込み可のレストランはありません。

さらに、「フランス人はそのために働いている」としばしば揶揄されるバカンスがあります。バカンス専用の資金を貯め、ここぞと使いますが、毎年海外に行くのは少数派です。1回に2週間のバカンスを取るのが普通で、多くは田舎のセカンドハウスや離れて暮らす親のところで過ごし、そこからあちこち出かけます。

セカンドハウスは高価で贅沢なイメージですが、親やその上の世代から持っていることが多いし、場所が優先ですからワンルームのこともあります。

地方の親のところへは、子供だけ先に送り出す場合もあります。この時期、孫に会うの

ブルターニュでは特に出かけなくても家の周りで広々とした風景が見られます。

を楽しみに待つ祖父母が多いからです。さらに子供の親たちにとっても、お金のかからない息抜きになります。その後、子供と合流し、全員でどこかに出かけることもあれば、そこでゆっくり過ごすこともあります。

お金を使わないというのではなく、合理的に無駄な出費は極力抑え、楽しむ時の出費は惜しまない。フランス人がなんとなく豊かに見えるのは、そんなメリハリのあるお金の使い方をしているからだと思います。

仕事より人生を楽しむ

息子が小学校に通っていた頃、フランスの学校はよく休むと思いました。丸2か月の夏休みの他、ほぼ2か月ごとに2週間の休みがあるからです。夏休みが終わったと思うと、10月末には秋休みがあり、12月末はクリスマス休み。2月は冬休み、3月末から4月にかけて復活祭の休みがあって、またあっという間に夏休みが来る感じでした。

夏休みと秋休みは全国一斉ですが、その他は国内がABCの3つのゾーンに分けられていて、1週間ずつずれて休みが始まります。だから、日本のゴールデンウイークのように一斉に観光地が人で溢れるようなことはありません。ただ、夏は7月14日過ぎ、冬はクリスマス休暇が始まる時、パリから南へ下る車で何十キロもの大渋滞が起こるのは、日本のお盆期間中同様、毎年恒例の風物詩です。

私が参加しているコーラスグループは、学校のバカンス期間中練習はありません。これはすべての習い事、各種クラブも同様です。指導者はもちろん、参加している大人や子供も、この間は家族と一緒に過ごすべきと考えるからです。

飛び石の休みは橋を架けて連休に

学校の休みの他にも国が決めた祝祭日があります。さらにキリスト教関連の祝日があり、移動祝祭日なので年によって連休が増えることがあります。

その上、こんなふうに連休を作ることも可能です。例えば、フランスの5月1日「労働者の日（Fête du Travail）」は祝日です。この日が金曜日だったら、土曜日は普通に休みなので3連休です。ところが「労働者の日」が木曜日だった場合、平日扱いの金曜日を自主的に休みにして土日とつなげて4連休にするのです。

こうして休日と休日に挟まれた平日を休みにすることを、フランスでは「橋を架ける」という意味で、「橋」のフランス語ポン（pont）と表現します。この慣習は一般社会、学校も例外なく共通して浸透しています。テレビのニュースキャスターが「今年の5月はポンでここも連休になりますね」と、当たり前に言います。日本なら顰蹙《ひんしゅく》を買いそうだし、まず平日を勝手に休みにすることはないでしょう。

勤務時間も短いフランス

フランスは建前として政教分離です。そのため、キリスト教関連の祝日があるのはおかしいと叫ばれたことがあります。サルコジ大統領の時代でした。週35時間労働に対しても、もっと働いてもっと稼ごうと政府が奨励し、キリスト教関連の祝日も働こうとなりました。それを受けて、スーパーマーケットによっては、こうした休みに午前中だけ店を開けるところも出てきました。ところが、いつの間にかそんな気運は消えてしまい、定着することはありませんでした。むしろ、イスラム教の休日も国の休みにすればという意見まで出る始末。結局何も変わっていません。

2018年のテレビニュースで、「はたしてフランスは他のヨーロッパ諸国より休みが多いのか」と、他国と休みの日数を比べていたことがあります。国の祝祭日の数の比較で、フランスより休日が多かったのはギリシャ、イタリア、スペインの3か国。少ないのはドイツとイギリスでした。

ちなみに労働時間でいうと、フランスは週35時間ですから、圧倒的に他国を引き離して

フランス人の10人のうち7人は庭いじりが好きというデータもあります。
これは家の畑の収穫物です。

少なかったのは言うまでもありません。最後にキャスターが、「それだけ労働効率が高い」と自己肯定的に評していたのには笑いました。

実際、フランスは労働効率が高く、日本は低いとなにかで読んだことがあります。勤勉は大切ですが、適度に休むことも決して悪くないと、フランスに暮らして思うようになりました。

フランスで日本の「KAROSHI」（日本語のままです）が驚きを持ってニュースになったことがありますが、ここでそういう事態が起きないのは確かです。

休日はひたすらゆっくりする

7、8月、夏のブルターニュは賑やかになります。普段は仕事の都合で都会に暮らす娘や息子が、孫連れで実家で休暇を過ごしに来たり、小さな町や村も国内外からの観光客で賑わったりするからです。うちの近所でも、子供の賑やかな声を聞く日が多くなります。

ブルターニュはフランスの中でも、長い間貧しい地方でした。でも、車を持つ人が増え、TGV（新幹線）も通るようになり、交通の便がよくなると同時に、特に夏場の海辺は観光で潤うようになりました。日本ではあまり知られていませんが、

ジョスランのお城は趣たっぷり。4月から10月は観光客もたくさん訪れます。

ヨーロッパでは南フランスのコート・ダジュールに次ぐ2番目の観光地として有名です。

運河を楽しむユックリズム

我が家は小高い所にありますが、少し下ると運河があります。この運河は、全長364キロに及び、フランスの運河のうち最長です。当時はこれで内陸部への物資の運搬や人の移動が大きく改良されました。夏はここをゆっくり船で旅したり、運河沿いに整備された散歩道を自転車で旅したりする人たちがいます。この遊歩道は運河近隣の人々にとっても、1年を通して最高の散歩道です。私もよく犬を連れて散歩に行きます。

運河を船で行く場合、早くは進めません。運河は人工的に造られているので、何か所も土地の高低差があり、そこを船が通れるように調整しなければなりません。そのため、フランス語だとエクルズ（écluse）、日本語だと閘門《こうもん》と呼ばれる場所があり、ここを抜けるのに時間がかかるからです。

例えば、低いほうから来た船を閘門の中に入れます。この時、船の前方にある扉は閉まっています。そして船を入れるために開いていた後方の門を閉めて、高いほうの水位になるまで閘門の中に水を入れます。同位になったら先に閉まっていた前方の門を開けると、船はそのまま進めます。水位の高いほうからは、閘門に船を入れたら同様の順番で門を閉め、反対に水を抜きます。

この運河のエクルズは、どこも手動で水門の扉の開閉をしています。水を入れたり抜いたりするのに一定の時間が必要なので、船が出るまでには30分以上かかります。10キロほどの間にこうした場所が4から5か所もありますから、とても急いでは進めません。

でも、運河を船で行く人には、これも楽しみの一つになります。自転車もそうですが、これだけゆっくりだと周りの景色を眺め、鳥のさえずりに耳を傾けられます。普段の時間に追われる生活を忘れるには、もってこいのユックリズムです。

フランス人のバカンスは、家族と一緒に過ごすための大切な時間です。特に夏のバカンスは、こんなふうにゆっくり旅をしたり、田舎の家など一か所滞在型でのんびり過ごします。日常生活から離れ、何もしない時間の贅沢を楽しむと同時に、恋人や家族とのコミュニケーションを取ることに注力するのです。

最大限あちこち行って疲れるのが日本人の旅行ですが、フランス人のバカンスはひたすらゆっくり、のんびりするのが目的です。

時代の変化を楽しむ

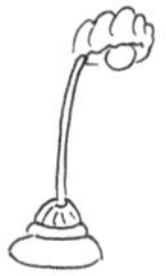

フランス人は、自分たちの言語や文化に対してとても誇りを持っていると同時に保守的です。簡単に迎合したり、真似をすることはありません。いい例が、世界的に普及している英単語について、わざわざフランス語に置き換えたり、フランス語読みにしたりすることです。

例えば、身近な英語であるアイロンは、日本でもアイロンですが、フランス語だと男性名詞でフェル・ア・ルパサゥ（fer à repasser）となります。フライパンは女性名詞で、ポエル・ア・フリル（poêle à frire）となり、私にとってはかなりややこしい単語です。コンピュータ用語やiPhoneなどの商品名は、さすがにそのまま使っていますが、それに不満な人々もいます。

日本では外国の地名を基本的に英語読みで表記しますが、フランス語だとまったく違う綴りや読み方になることがあります。ギリシャを旅行中、フランス語のガイドブックを見ていて、英語表示と違うことをすっかり忘れて、思わぬ回り道をしたこともあります。
そんなフランスですが、異文化の流入に次第に寛大にならざるを得ないのが昨今の実情です。

食に見る異文化の影響

フランス人が好む料理のベスト・ストーリーにいつも入るのが、前述した北アフリカ料理のクスクスです。オリヴィエも大好きで、季節の野菜と羊肉や鶏肉などをスパイスをきかせて煮込み、小麦の粒でできたスムールと食べます。

シャオメン（焼きそば）と春巻きでエスニック料理のパーティをすることも。

とはいえ、北アフリカのマグレブ諸国はかつてフランス領でした。そこで生まれたフランス人も大勢います。だから「異文化」ではあってもそれ程遠いものではありません。

ところが、今やアジア系食材、なかでも日本食材が目立って普通のスーパーの棚に並ぶようになりました。二十数年前、私たちがブルターニュに住み始めた頃はありませんでしたが、今は一般スーパーでも、米酢、醤油、ワサビ、寿司用の米や海苔が並んでいます。日本の即席ラーメンも、韓国製と一緒に並んでいます。他の国の食材も普通にあって、メキシコのタコスの材料やココナツミルクはもちろん、タイのグリーンカレーやレッドカレーのパテもあります。

食べ物に対して長く保守的だったフランス人ですが、多くの一般フランス人が買うから、こうした現象が起きているわけです。

日本のお寿司がSUSHIとしてまずパリで流行し始めたのは2000年頃だったと思います。それ以前から日本人が握るお寿司屋さんはありましたが、高かったし、お客さんは在仏日本人か日本人観光客が主でした。

それからあれよあれよと、ベトナム系や中国系フランス人が経営する寿司レストランが増え、一過性かと思いきや、どんどんフランス中にその流れが広がっていきました。それと共に、スーパーで寿司用の米、酢、海苔などが買えるようになりました。

それればかりでなく、柚子Yuzuやワサビ Wasabiは単語としてそのまま通じます。有名シェフやショコラティエがフレーバーとして使うようになったのがきっかけですが、今は一般的なスナック菓子にもこうした香りや味が付いているものもあります。

また、EUの規制で日本から鰹節が輸入できなくなりましたが、ブルターニュのコンカルノーでは、九州の枕崎の鰹節企業が現地製造をしています。これも在欧の日本人向けだけでなく、こちらの人々の需要に応えるためです。

日本語を学ぶ人も増えている

日本への興味は食だけではありません。

宮﨑駿監督のアニメや『ONE PIECE』をはじめとした漫画本は、フランスの若い人たちに大人気です。そこから始まり、日本語を学びたいという人も増えています。以前から、50キロ離れたヴァンヌの町のリセ（高校）に日本語のクラスがあるのは知っていましたが、近所の中学校にも選択制の日本語授業があると聞いて驚きました。

ここまでくると、フランス人の日本への興味は一過性でなく本物です。食へのこだわりや伝統的な職人の技などは共通する部分ですが、個を尊重するフランスに対し、周りを慮る日本。正反対のところも多々あります。それ故に惹かれ合うのかもしれません。

こんな田舎の私の周りでも、日本に行ったとか、行ってみたいという人が多いのには目を見張る思いです。行った人は必ず「フランスと全然違うから面白かった」と言います。もちろんすべてを肯定的に見ているわけではありませんが、フランスと日本の正反対の文化と、それに基づく日本人の行動に強く惹かれるようでした。

フランス社会への異文化の流入は、今やあらゆるところで見られるようになりました。もともといろいろな国から移民を受け入れているフランスですが、その中でも日本文化への興味は少し特異で、憧憬と言えるほどの感情を持つ人もいます。

保守的だったフランスの変化を肌で感じる毎日です。

できないことは人を頼る

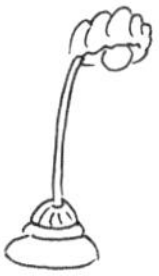

２００９年、88歳で義母が亡くなり一人になってしまった義父。彼には資力があったので、その後の暮らしにいくつかの選択肢がありました。

生まれ育ったパリで有料のケア付き施設に入る。私たちの家に比較的近いところにある同様の施設に入る。あるいは、我が家の手付かずだった半分を至急直してそこに住む。彼が選んだのは、三番目の選択肢。二世帯住宅にして、私たちと一緒に住むことでした。

隣人生活を始めた当初、「二世帯でも食事くらいは」と思った私は、毎夕食そろって一緒に食べることを提案しました。でも、これはまったくの失敗でした。

以前から義父の夕食時間は決まっていて、必ずテーブルについて食事をしていました。ところが私たちは、日によって食事時間が違うし、時にはピクニックと言って用意した物を各自好きな時に好きなように食べることもありました。

はじめから、どちらかに合わせるのは無理だったのです。いつもテーブルについてきちんと食べることに夫は疲れ、かといって義父はいい加減なピクニックは嫌いでした。私は私で決まった時間にみんなが食べられるように用意するのに疲れました。

結局、1週間ぐらいでギブアップ。その後、昼は義父が自分で好きなものを用意して食べ、夕食は私がメインを4人分作り、先に義父にとり分けて届けるようにしたのです。

その代わり、日曜日、祝祭日、誕生日など特別な日の昼食は、必ずそろって食べました。これは、私のせめてもの気持ちでした。「嫁」の義務ではなく、好意でしたことです。多分、何もしなくても問題ではありませんし、義父が自分でやるのが嫌だったら外部の人を頼んだでしょう。

フランスでも60年代までは、田舎だと三世代同居も当たり前だったといいます。主に主婦が上の世代の面倒をみていたそうですが、核家族化が進み、時代も変わりました。

食事を別にした分、夫は仕事から戻ると義父のところへ行き、ひとしきり話をするのが日課でした。といっても単なる世間話ではなく、政治や社会情勢についての議論をするのです。夫と話すのは義父の楽しみでもありました。

私は、日中留守を頼むとか、買い物に行くけど必要なものがないかと尋ねるとか、日常的な部分で繋がって、お互いの生活リズムを尊重しつつ、独立して暮らしました。

フランスの高齢者の暮らし

フランスでは、一人暮らしが可能なうちは、みな自宅や自分のアパートで暮らしています。女性が多数ですが、男性もいます。家事は最低限は一人でこなします。孤独という面は否めませんが、田舎は近所の人や郵便配達の人が見守ってくれます。都会だと最近、若い学生に割安で部屋を貸し、時々一緒に食事をしたり、手伝ってもらったり、話し相手になってもらう、そんな相互扶助も成り立っています。

高齢者施設への入所を本人が決めることも、また家族と相談の上で決めるのも普通です。反対に自分の家にいたければ、例外はありますが基本的に本人の意思が尊重されます。近年政府もできる限り自宅で長く暮らすことを重視し、それに対応する経済的及び人的援助制度も考えられています。

義父のお母さん、夫の祖母にあたる人は90歳を過ぎてもパリで一人暮らしでした。それを維持するため、ウイークデーの日中と夜担当で二人、週末の担当一人、計三人の人を義父は頼んでいました。さらに義父は、ほぼ毎週のように自宅のあるリヨンからパリへ行っ

親のお見舞いには花を携えて。フランスには花屋がたくさんあります。

ていましたし、電話は毎日していました。94歳で亡くなる2年ほど前からアルツハイマーが進み、パリでは無理になり、彼らの家の近くにある施設に入ってもらいましたが、二人で週に何回も見舞っていました。

息子でも娘でも、生涯独身だと親と一緒に住み、亡くなるまで面倒を見る人も少なからずいます。ただ、ブルターニュの私の周りを見ても、親を施設に入れている人がほとんどです。

できないことをできる人にお願いする。フランスなら当たり前のことです。もし、どこかの時点で家族の手に負えなくなったら、躊躇なく他を頼ります。

お金があれば有料の施設や義父のように人を雇うし、なければ行政の枠内での支援を頼ります。他に頼ることに抵抗を感じる人はいません。

だから、日本のように一人で何もかも引き受けてしまい、結果どうにもならないという悲劇は起こりません。フランスの福祉も完璧ではありませんが、試行錯誤を重ねながら今のところ何とか機能しています。

定年後の暮らしは40代から考える

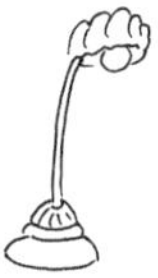

２０２２年末から23年にかけて、フランス政府が年金制度の改革に着手し、巷では連日反対デモやストライキが巻き起こり紛糾しました。大ストライキが12回以上もあり、主にマクロン大統領のやり方への反発が大きかったようです。

改革のなかで最も注目を集めたのが、年金受給年齢の引き上げです。それまでの62歳を64歳に。数年長く働かないと年金生活に入れない。これが大反対の理由でした。

フランスの年金制度は複雑なことで有名です。年金受給年齢も、日本ならほぼ一律ですが、フランスは業種によっても大きなばらつきがあります。

２０１０年に一度、年金受給年齢が60歳から62歳に引き上げられ、この時ももちろん揉めました。年齢にこだわるのは、みな定年後の人生を健康なうちに楽しみたいからです。平均寿命は、日本より少し短く女性が84歳、男性は77歳。70歳前後になると、体の不調を訴える人が増えるので、定年は早ければ早いほうがいいと思うのかもしれません。

日本ほどの不安感はないにしろ、フランスだって年金だけでは誰もが悠々自適のバラ色の老後を送れるわけではありません。それなりの資産や副収入、さらに節約生活が必要なのは同じです。ただ日本と違い、最低限の金銭的なセイフティーネットがあります。例えば、年金を含む収入が少ないと医療費や税金が無料になります。また事情によって既定の年金払い込み年数に満たない場合でも、最低年金額が保証されています。

そのため、たとえ経営者で仕事が好きでも、定年を過ぎてまで続けるフランス人は通常ほとんどいません。義父もそうでした。60歳で惜しげもなく会社を人に任せ、余生を楽しむほうを選びました。田舎だと、たまに75歳を過ぎても小さな食料品店やカフェをやっている女性がいますが、それは仕事というより生きがいです。

年金生活になり、自由になったらどうするか

私の身近にいる退職者は、それまでなかなかできなかった庭仕事にいそしんだり、ボランティアで赤十字などの活動に参加したりしています。趣味に時間を割き、アソシエーションの活動に没頭する人もいます。また、人づきあいが好きな人は、副業を兼ねて自宅を

シャンブル・ドット（民宿）にすることもあります。

フランスだと、リタイア前から何をしたいか考えるので、仕事を辞めてから呆然とする人はあまりいません。一般的に残業がないので、そういう時間に趣味を見つけられます。そして退職後は、それまで時間の制約があってできなかったことを思い切りやります。

お金と日数のかかる海外旅行は数年に1回ぐらい。2、3泊の国内旅行は年数回、学校の休みを外して出かけます。バカンス中は孫の世話を頼まれることもあるし、どこもハイシーズンで高いからです。とにかく退職組は自由ですから、安い時期を狙って楽しみます。

夫は年金払い込み年数の関係で、65歳でリタイアしました。今は趣味と実益を兼ねてアンティークの照明器具を直しては売っていますが、あくまでも楽しみです。自分でも仕事だとは思っていません。

その反対に、私はやはり日本人です。できるなら生涯現役というのが希望です。何の現役か？　それは常に人とつながり、新しいことに挑戦し、年だからと言い訳して諦めないこと。まだまだやってみたいことが山ほどあります。

ただそのためには元気なのが前提です。日々の健康管理に気を配ることは、今後ますます大切になりますが、適度に無理なくやるつもりです。

田舎のルールを守って暮らしを楽しむ

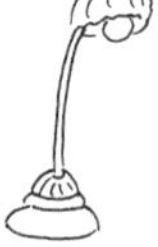

近年、フランスで面白い訴訟がありました。ブルターニュではなく、どこか別の地方の村の出来事でした。

「近所の雄鶏の鳴き声が早朝からうるさくて眠れない、これは一種の騒音である」と裁判所に訴えた人がいたのです。元からの住人ではなく、他所から移住してきた人でした。

どういう結果になったかというと、訴えた人が負けました。雄鶏の鳴き声がうるさいといっても、フランスの田舎では昔からの日常的なことで、何ら排除すべき特別な騒音ではない、という判決で誰もが納得しました。

このように、フランスの田舎にも田舎ならではのルールがあります。実は、フランスの田舎で家を買う時、特別注意しなければならないのが「臭い」です。都会人（一般にパリの人を指します）だとつい見逃してしまうポイントだと、オリヴィエに教えられました。

フランスは農業国としても知られており、特にブルターニュは国内有数の畜産業の盛んな地方です。ですから、とりわけこの点に注意しなければなりません。周りに養鶏場や養豚場、牧場があると、その臭いに一年中、終日悩まされることになります。

都会のアパートや家探しではほとんどない注意点ですが、田舎だと買った後に臭気で悔やむ人が少なくありません。しかし、これとて雄鶏の件と同様、臭いから牧場を移転してくれとは言えません。臭いが嫌な新参者は、それがない場所を探すべきだからです。

程よい近所づきあい

日本でも都会から田舎に移住して、失敗する人がいると聞きます。フランスでも田舎と都会のメンタルの違いからどうしても馴染めず、結局、便利でさばさばした都会暮らしに戻る人もいないことはありません。

昔は農作業を共同で行うのがフランスでも普通でしたが、今はほとんどなくなりました。田舎の道路や散歩道の草刈りは、住民でなく役所の仕事です。そのために税金を払っているのだから当然で、ごみ収集と同感覚です。

フランスも1960年代の田舎は閉鎖的で、よそ者が歓迎されることはありませんでしたが、70年代の高度経済成長期以降、田舎から若い働き手がみな都会に出てしまい、過疎化が避けられず、変わらざるを得なくなりました。

ブルターニュの私たちが住む地域にもイギリス人が家を持っていますが、近くの街、ジョスラン周辺は、住民の半分がイギリス連邦からの移住者です。多少ブレグジットの影響はありますが、今でもジョスランのスーパーやマルシェでは英語の会話を普通に耳にします。

彼らも最初は奇異な目で見られたようですが、段々と受け入れられていきました。それは、彼らがブルターニュ特有の古い石造りの家を大切にしたからです。外観はそのままに内装を整え、景観を変えることがなかったからでした。

フランスのあちこちで、毎年初夏にかけて庭のコンクールが実施されます。エントリー制ですから住民の義務ではありません。そうでなくてもみな庭や菜園の手入れを怠りませんが、賞を取るお家の庭は、この時期目を見張る色鮮やかな花々で溢れています。フランスの田舎が美しいのは、こんな気遣いもあるからかもしれません。

4章 ―― 家族

フランス流、距離感の上手な家族作法

日曜日のランチは家族団らん

「日曜日の昼食は家族揃って」という習慣は、まだ多くの人たちが日曜日の教会ミサに通っていた19世紀頃の名残です。現代では、比較的近くに住んでいても毎週親のところで昼食をとる家族はいません。離婚が当たり前の昨今、家族の在り方も変わりつつあります。

義父母の時代のシャルバーグ家では、日曜日に息子の家族が親のところで昼食をとるのが習慣でした。夫は三人兄弟の末っ子で、一番上のお兄さん一家が長く親の近くに住んでいたため、毎週日曜日の昼食に家族で行っていたようです。二番目の兄はパリにおり、離れているのでこの習慣には関わりませんでした。

ブルターニュに義父母が越してきてからは、私たち家族が毎週日曜日の昼、彼らのところに行きました。義母が料理をするのが大変になってからは、我が家に来るようにもなりました。

義母が亡くなり、義父が私たちと二世帯住宅で一緒に住むようになってからも、毎週日曜日の昼は一緒に食べることを続けましたが、義父が亡くなった後は、なんとなくその習慣から遠ざかっていました。それがある日、オリヴィエが「やっぱり日曜日の昼は日曜日らしい、きちんとした食事がしたい」と言い出したのです。確かに義父が亡くなってから、よく言えば気楽、悪く言うとだらだらしたメリハリのない一週間になっていました。

結局、夫の言う通り、日曜日の昼食は以前と同じようにすることに。週の後半、息子がレンヌから戻ってくるので、通常三人になります。私も普段とは少し違う気分で、日曜日だけは再び料理中心に考えるようになりました。

メニューは普段より手をかけたフランス家庭料理。もちろん食事形態もアントレ、メイン、デザートときっちりしたものに戻りました。準備、食事の所要時間ともに普段よりずっと長くなり、食べるのはしゃべりながらですから最低でも1時間です。

日本だと、休日の昼こそ手抜きOK。女性は家事から解放され、家族で手軽な外食を楽しむようですが、フランスは正反対です。休日だからこそ、平日はなかなか時間に追われてできない手料理を家族で楽しむ。作り手は女性に限らず男性もあり得るし、子供たちと作ることもあります。いずれにしろ、家族が揃っている休日だからこそ家で寛ぐ、そういう時間を大切にします。

日曜日の定番メニュー、鶏の丸焼き

昔からフランスの一般的な日曜日の定番メニューは、プーレ・ロティという鶏の丸焼きです。人数が多くても2キロぐらいの鶏を選べば十分満足できます。ところがうちのように少人数だと、いくら小さいものを選んでも最低1キロ半はあるので、いつも余った鶏の再利用に頭を悩ませることになります。それでも1か月に1回ぐらいは、あれが食べたいと二人からリクエストが出ます。

調理法はオーブンでグリルすればいいだけなので簡単です。ただし皮をパリパリに色よく仕上げるためなど、焼く前に多少の工夫をしたほうが美味しくなります。

我が家は鶏の中にローズマリーやヨーグルト、あるいはクリームチーズを入れます。外側にバターを塗る、あるいはスパイスをすり込むこともあります。鴨の油をすり込むのもいいようです。

1キロ半なら大体1時間、200度のオーブンでグリルします。焼き上がりの30分前にニンニクを皮つきで一片ずつ下の天板の上に置きます。こうすると鶏の焼き上がりと同時にニンニクは蒸し焼き状態になっています。さらにオーブンの温度を240度に上げて10分ほど焼くと、皮がパリパリになります。

肉の切り分けは男性の仕事で、火を止めて5分以上置いてから切り分けます。これにジャガイモのフリット、サラダをサイドにすれば、とても豪華な、いかにも日曜日の特別な昼食といった感じになります。

こうした日曜日の昼食メニューは、普段より高めでも節約はしません。ワインも少しいいものを選び、ゆっくり食事を楽しみます。


義父、夫、息子のランチ。家族で食べる大切な時間です。

愛すべきペットと森を散歩する

ブルターニュに暮らすようになってから、我が家は常に猫と犬がいる生活になりました。今は黒のラブラドール・レトリバーと黒白猫がいます。2匹とも同じような年で、よくじゃれ合っています。

フランスで一番人気のある犬種は、ゴールデン・レトリバーやシェパード系の大型犬です。最近は、日本の忠実な柴犬も人気があります。フランスでは、約5世帯に1世帯の割合で犬を飼っていると言われていますが、猫は、犬の2倍近い1400万匹が飼われているそうです。犬に比べると猫は、アパートでも飼いやすいし散歩の必要もなく、手がかからないせいかもしれません。

リヨン郊外にまだ夫の実家があった時、犬連れで列車を使って行ったことがあります。私は初めての経験で少し心配でしたが、犬もおとなしく足元で寝ていたし、周りの人もまったく普通で、何の違和感もありませんでした。

フランスでは、バスや電車、長距離のTGVでも、有料でペットと一緒に乗ることができます。バカンスシーズンになると、リードに繋がれた犬やケースに入った猫と一緒にいる人を見かけます。その他、アパートや賃貸物件もペット許容が基本だし、カフェやレストランでもペット同伴可能な所が多いです。ホテルなどの宿泊施設は必ずしも全部ではないのですが、探せば見つかります。

おおよそどこでも犬がOKなのは、きちんと躾けられているのが前提だからです。こうした場所で犬が暴れたり、吠えたりするのを見たことがありません。みな飼い主の足元におとなしく寝そべっています。

犬のフンの放置は罰金

田舎で広い庭があると、大型犬を無理なく飼えます。うちは夫や息子が、テニスラケットでボールを飛ばしてよく遊んでやります。それでも散歩は欠かせません。犬がいるとほぼ強制的に散歩に出ることになり、健康上、ちょうどいい運動習慣と言えます。1人ではめげますが、犬がいるとさぼれないし楽しく歩けます。実際、これは、犬のためだけでなく、私たちのためでもあるのです。

パリをはじめとした都会では、フンの処理に困りますが、うちの散歩コースは野原や畑、森の中なので、フンを取らずとも問題にはなりません。

でも、人通りの多い都会のアスファルトや石畳の道に犬のフンがあるのは汚いし、困ります。パリでは年間何百人も、犬のフンを踏んで足を滑らせ怪我をする人がいるようです。確かにかつてパリに遊びに行った頃は、本当にあちこち犬のフンだらけだったのを思い出しますが、今は当時と比べるとだいぶ減った気がします。

というのも、犬のフンを放置した場合、罰金が科されるようになったからです。その金額は、各市町村で自由に設定できるのでばらつきがありますが、一般的には35ユーロほどです。パリ市は最低が68ユーロ。日本円にしたら1万円相当になります。倹約家のフランス人ですから、大抵は罰金を払うより手間をかけるほうを取るでしょう。

ペット王国の闇

飼い主のモラルという点で、もう一つ重大な問題があります。飼育放棄です。ただし、フランスには1845年発足の動物保護協会（SPA）という組織があり、全国63か所に保護センターを持ち、飼えなくなったり、迷子になったりした犬や猫の保護にあたっています。

毎年バカンス時期は飼育放棄率が高くなりますが、特にコロナ禍以降、増えているといいます。コロナ禍、外出できない寂しさで安易に犬や猫を飼った人が、生活がだんだん元通りになって世話が重荷になり、結局SPAに持ち込むことに。2021年5~8月だけで1万7000匹の犬や猫が持ち込まれました。特に猫が多いそうですが、今はどこの施設も満杯で余裕がないとのことです。

SPAでは、猫の避妊手術をしたり、犬の予防注射や躾も行ったうえで、定期的に譲渡会を開いて

犬の散歩は森へ。こうした道で他の人と行き交うことはまずありません。私たちの独占です。

保護犬や猫の里親を探します。我が家も以前、ＳＰＡから引き取りました。

２０２４年からフランスでは、ペットショップでの犬猫の生体販売が禁止になります。子供たちがガラスの向こうの子犬や子猫の姿を見つめる姿もなくなります。犬や猫が欲しい場合は、ブリーダーか保護団体から購入することになります。

今は物価高もあり、普通に飼っている人もエサ代や獣医にかかる費用など、ますます馬鹿にならなくなっています。飼いだすのは簡単ですが、責任をもってペットの健康を守り、躾もし、最後まで共に暮らす。そうした飼い主の覚悟が問われるのは、日本もフランスも同じです。

私自身、我が家の犬と猫には日々癒やされています。彼らがいるお陰で、老夫婦（？）二人の単調になりがちな生活が、賑やかで笑える日々になっています。

猫は呼べばすぐ来るし、庭の散歩なら一緒について来ます。犬はやんちゃな子供のように楽しませてくれます。彼らのいない生活は考えられません。私たちにとって、彼らは大切な家族の一員です。

義母を「美しい母」と呼ぶ

フランスでも、特に田舎だと60年代ぐらいまで三世代同居というのは普通だったようですが、70年代になると親との同居はほぼなくなりました。そのため、日本のように一軒の家に二世帯が一緒に暮らすことはまずあり得ません。

それなら嫁姑問題はないかというと、そこは人間。合う、合わないはどこの国でも起こります。ただ同居でない分、救われるのではないでしょうか。夫の母親とその姑との関係はなかなか難しかったと聞いていますが、パリとリヨンで離れて暮らしていましたから、頻繁に顔を合わせることはなかったようです。

「美しい母」のフランスと「古い女」の日本

ところで、漢字だと「しゅうとめ」は女偏に古いと書いて「姑」になり、どこか意味深な感じを抱いてしまいます。それとは反対に、フランスは義理の母のことをベル・メール(belle-mère)、「美しい母」と言います。現実に即しているかは別として、古い女とそのままズバリ表現されるより、美しい母と形容されるほうが嬉しいかもしれません。

ベルは「美しい」という意味の形容詞の女性形ですが、フランス語で義理の関係にはいつもこの形容詞が付きます。義父だったら男性形でボー・ペール(beau-père)、義理の息子はボー・フィス(beau-fils)。義理の娘、つまり嫁もベル・フィー(belle-fille)となります。義理の両親は、複数形でボー・パラン(beaux-parents)です。

例えば、義母が私を誰かに紹介する時は「私の義理の娘マ・ベル・フィー(ma belle-fille)」と言います。そして「末の息子の奥さんなの」という感じで続けます。日本語だと「うちの嫁」となるところ、フランス語には「嫁」という言い方がありません。あくまでも義理ですが、「娘」になります。

しかし、フランス人だってこの形容詞の接頭語を文字通り「美しい」と解釈するはずはなく、もちろん「義理」と同義です。どうしてこういう表現になったのかわかりませんが、やっぱりこのオブラートに包んだ表現のほうが、ズバリその関係を表現しているような日本語の「姑」や「嫁」より、私は好きです。

そういえばフランス語には「嫁に行く」という言い方もありません。それは単に「結婚する」という表現になります。女偏に家と書く「嫁」は、日本の伝統的な結婚の意味を表しているようです。

料理と教育は親でも不可侵

義母は自身の体験から、自分の息子がどんな女性を連れてこようが、すべて受け入れると決心していたそうです。それでというわけでもありませんが、私と義母の関係はまずまず良好でした。

言葉が完全に通じるわけではないので、多少の食い違いも起こりえました。でも、育ちも文化も違うのだから仕方がない。お互いそんな納得の仕方があったと思います。それに舅も姑も、あの年代には珍しく英語が堪能でした。だから、最初から最低限の意思疎通ができたのはラッキーでした。もし彼らがフランス語だけだったら、いい関係を築くのはかなり難しく、時間も要したと思います。

義母からフランスの習慣や料理など、いろいろ教えてもらえたのは助かりました。一方で、これも同じフランス人同士だったら、むしろ余計なお世話となってしまいます。

特に料理や子供の教育に関しては、不可侵の領域です。よほどのことがない限り、まず直接その問題に踏み込むことはしません。今の親は、義母のように息子や娘がそれぞれのパートナーと幸せならそれでいい、波風を立てる必要はないというスタンスです。

フランスでも互いのパートナーの親のところに子供連れで行きますが、今は以前よりずっと自由で、たまに休みの日の昼食を一緒にするぐらいです。普段はビデオ電話などで孫の顔も見せられるし、親のほうもそれでよしとしています。距離によりますが、クリスマス休暇を除けば、泊まることもほとんどないようです。

クリスマス休暇は、普通は夫の実家、妻の実家と、毎年交互に行ってバランスを取ります。たとえ多少相手の家族とぴったり来なくても、これぐらいは最低の許容範囲です。行かないということはありません。

やはりいくら呼び方が美しくても、義理の関係は気遣いも遠慮もあります。フランスに嫁姑問題がないかと言えば、多かれ少なかれ「ある」のが実情です。ただ、日本のようにベッタリ付き合う必要はなく、心地よい距離を置いて接していられる点が大きなポイントです。

ノエルは家族と静かに食事する

クリスマスは英語で、フランス語だとノエル（Noël）と言います。このノエルの12月25日は休日です。年によって始まりの日は違いますが、学校も20日過ぎから2週間、全国一斉に冬休みになります。

フランスは基本カトリックの国ですから、キリストの生誕を祝うノエル（以下フランス語の表現にします）は宗教的に重要な日でした。「でした」と過去形なのは、現在では24日の真夜中のミサに参列する人も少なくなったからです。それでもノエルのミサは大切ですから、24日の夕方から25日にかけて何回かに分けて行われるなど、21世紀の生活事情に合うように工夫はされています。

こんな現状なので、ノエルの宗教的な意味は昔と比べればだいぶ薄れていますが、この時期、遠く離れて暮らす家族が一堂に会す年1回の大イベントとしては、フランス人の生活の中に定着しています。

ノエルは日本のお正月感覚

日本では新年に家族がそろい、厳かでどこか新鮮な時間を過ごしますが、それとまったく同じような感覚になるのが、ここでは12月24日夜から25日のノエルです。

親と離れている学生は親元に帰り、都会暮らしの若い家族は、どちらの両親も健在であれば、一家で夫と妻の実家に交互に行きます。親だけでなく、その兄弟姉妹を含め、毎年輪番制で集まる家を変えて対処している大家族もあります。娘や息子の家族、叔父、叔母、いとことその家族など、この時ばかりは大人数が集まるため、寝泊りの用意から食事と、大仕事になります。どこか一か所で毎年その負担を引き受けるのではなく、順番に分け合う知恵です。

その仕切りは女性の役目。たいてい母親や叔母といった人が中心になります。娘や息子の奥さんらは、手伝っても基本的にお客さんです。買い物やいろいろな準備を夫たち男性も手伝いますが、やはり責任者は女主人、オテス（hôtesse）の仕事です。そして彼女たちの一番重要な仕事が、どんな献立でノエルを迎えるかです。

その年の曜日によりますが、23日、24日の食品店、スーパーマーケットの混雑具合は大変なものになります。リヨンに実家があった頃、この時期によく義母の買い物を手伝いましたが、その混雑ぶり、レジの長い列には気が遠くなる思いでした。

この経験があるため、私はブルターニュに越してからは、できるだけメインは冷凍素材を使うようにしています。実際そのほうが経済的だし、混雑も避けられるからです。

この時期、普段は買わない高級食材が多く出回ります。魚介類の値段は通常より何割か高くなっています。その点、魚でもアンコウなどは冷凍しても味が変わらないので、普通の値段の時に買って冷凍保存します。他にもガンバスと呼ぶ海老やイセエビの胴体は、基本高いですが、冷凍なので早めに買っておけるので便利です。

ノエルの季節は町中に電飾やクリスマスツリーが出現し、華やぎます。

野菜類については、冬なので3日から4日は十分にもちますから、マルシェかBIOの店で少し早めに調達します。パンだけは24日に2日分をまとめて買っておくか、タイミングによっては25日の午前中に買いに行きます。買いに行くのは夫の役目です。

義父母が亡くなった現在の我が家のノエルは、友人を招くこともあります。一人暮らしの友人や、こちらに家を持っていて年に3回やって来る日系アメリカ人夫妻です。

特にノエルは、多くの人たちが家族と過ごすため、一人の寂しさが身に染みる時期です。家族と疎遠になっている人や、一人暮らしの高齢者など、都会ではこうした家族のいない人を招待して食事会を開くボランティア活動もあります。

フランス人が友人と過ごすのは主に12月31日の大晦日の夜で、日本のクリスマスパーティと同じような感覚です。パリのシャンゼリゼ通りで大勢の人たちがシャンパンの瓶とグラス片手に、新しい年のカウントダウンをする姿が毎年報道されます。

このように、日本の初詣とはまったく雰囲気が異なります。フランスでは厳かに迎えるのがノエルで、年越しはパーティ気分と、日本とは真逆です。

結婚にしばられない

日本で未婚の男女が付き合い始めたら、ほとんどの場合、本人たちはもちろん周りも含め、どこかの時点で「結婚」が視野に入ってくると思います。最初から、結婚を前提にお付き合いを始めることもあるでしょう。ところがフランスでの男女の付き合いは、必ずしも「結婚」が目的になることも前提になることもありません。

フランスには、１９９９年に施行されたパックス（Le pacte civil de solidarité の略）という制度があります。日本語に訳すと「連帯市民協約」となります。要するに、正式な法律婚と同様の社会保障や税金の控除が受けられる制度です。当然、同性でも認められています。手続きは、必要書類を居住している役所かノテール（notaire）と呼ぶ公証人に提出して行います。条件は成人で同一住所で暮らしているなど、結婚の場合と同じです。

フランスでは70年代後半から離婚件数が増え、その年代の親を持つ次世代は、結婚をせず同棲で子供をもうけるケースが増えました。フランスでの離婚は、今はだいぶ手続きが簡素化され迅速に進むようになりましたが、弁護士を立てなければならず、時間とお金がかかります。面倒な親の離婚を見ていた体験から、結婚を敬遠するようになったとも言われています。

未婚カップルの子供が社会的に差別されることはありませんが、かつて同棲は法律的にいろいろな不都合がありました。特に経済的な面で、例えば正式な結婚の場合なら夫婦の収入から控除される税金が、単なる同棲では優遇がありませんでした。そこで、ようやく21世紀を前に、パックスの制度が生まれたわけです。

ただ、パックスも完全ではありません。

私の友人で、60歳を前にしてパックスから正式な結婚に移行したカップルがいます。うちと同様、フランス人男性と日本人女性のカップルでした。その理由は財産でした。正式な結婚であれば、残された夫か妻が自動的に相続人になりますが、パックスではそうなりません。パートナーを相続人にしたい場合、遺言書を書かなければなりません。それでも他の親族と揉めることはあり、それを心配したご主人が結婚を申し出たそうです。

また、パックスを結婚へのお試し期間ととらえる場合もあります。そして10年以上一緒に暮らして子供ももうけ、その後パックスから正式な婚姻に移行するカップルも結構います。だから、結婚式は成長した子供連れとなります。

面白いことに、フランスでもいつまでも一人でいると「早く誰かと一緒になったら」といった親からの圧力はあるようです。それが必ずしも「結婚」という形式を求めないのが、日本と違う点です。

我が家の場合、東京とタヒチという遠距離恋愛でした。一緒に暮らすことを決めた時、正式に結婚という手続きをするかしないかを話し合いました。彼はどっちでもいいというスタンスだったので、結局私主導で正式な結婚を選びました。日本では当たり前、ということではなく、私個人にとって、考えるまでもなく当たり前のことだったからです。

30年近く過ぎた今考えると、正式に結婚してもしなくても変わらなかったかもしれませんが、互いに了解しての契約ですから、どこかその枠に守られていた気はします。そして、生活上の実務的な面では、別れない限りメリットが多いと思います。

結婚しても財産は別々に

彼の両親もそうしていたので、私たちも結婚する前にある手続きを行いました。この手続きは公証人のところで行う法的なもので、結婚後はできません。

内容を簡単に言うと、結婚しても各自名義の財産はそれぞれのもので、不可侵というものです。ただし、どちらかに何かあった場合の相続には影響しません。

普通は、夫婦の共同生活中に借金が発生したら、返済は二人の責任になります。でも、この手続きをしておけば、もう一方までその責任を負う必要がありません。要は、夫婦共々破産する事態を避けられるのがメリットです。

個人事業主、フリーランス、起業家などは、負債リスクを考慮し、こうした手続きを取る人が多いようです。オリヴィエ曰く、自分は何かしてお金をもうけられたことがない一方で、多分大きな損をすることもないと思うが、両親のように最初から分けておいたほうがリスクがないと。

幸いこれまでそういうことは起こっていませんが、これはこれで一つの予防策として機能しています。そして、夫婦で分けていても、いずれはどちらの財産も子供のものになります。これは感情の問題ではなく、現実に合理的な法律だと思います。

結局、フランスで結婚するしないの選択は、個人の考え方によるとしか言いようがありません。結婚式プランナーの話を聞いたことがありますが、結婚する人は、たとえ面倒な離婚を繰り返すことになってもやはり結婚という手続きを取るそうです。だから2度、3度という人が多いのだとか。

パックスから将来を考えて正式な結婚に移行する人もいれば、そのままのカップルもいます。また、結婚でもパックスでも、義理の家族という関係は、普通の結婚となんら変わりません。相手の親のところにも行くし、連れ子がいれば祖父母はそれを受け入れ、家族が増えたというだけです。

日本だとこうした感覚は理解しづらいと思いますが、フランスの家族形態は大きく変化していきます。結婚にしてもそうですが、こうあらねばとこだわったら、苦しくて生きていけません。みんな居心地のいい家庭、愛する家族を作ろうと試行錯誤を重ねている。それは間違いありません。

パートナーの呼び方を変えてみる

私がまだ、東京で仕事をしていた頃のことです。フランスに取材で出かけた時にお世話になった在仏日本人女性が、あるエピソードを話してくれました。

まだ彼女の息子さんが小さかった時、幼稚園へ送って行くと、たまたま先生が息子さんにお母さんの名前を聞きました。すると、彼は「ビッシュ（biche）」と答えたそうです。

ビッシュとは、フランス語で雌鹿《めじか》という意味です。

傍で聞いていた彼女は、顔から火が出るほど恥ずかしかったと言っていました。

私はまだフランスに住んでいたわけでもなく、フランス語もわからなかったので、なぜ彼女が恥ずかしくて困ったのか、実はあまりピンと来ませんでした。

今ならよくわかります。

このビッシュ、単なる雌鹿という意味だけでなく、男性から女性への愛情を込めた言い方にもなります。きっと家庭で、フランス人のご主人が彼女に頻繁に甘く「マ・ビッシュ

(ma biche)」と呼びかけていたのでしょう。それを普段から聞いていた3歳の息子さんが、お母さんをそう呼ぶものと思っても何の不思議もありません。

フランス人女性なら、恥ずかしいとは爪の先ほども思わなかったでしょう。この反応は日本人女性だったからと、これも今だから理解できます。

ところで日本の家庭内では、互いにパートナーをなんと呼んでいるでしょう。フランス語には、愛情表現にも通じる実に様々な呼び方があります。ビッシュもそうですが、愛しい人という意味のシェリー cheri(e)。これは女性に対しても男性に対しても使います。かなり甘い響きがあります。

以前は、女性に対して、マ・ココット（ma cocotte)、マ・プール（ma poule）というのもよく使われたようです。前者は言わずもがな、厚手鍋のココットですが、いかにも慣れ親しんだ親密感があります。後者は雌鶏のことで、これもかなり親しみを込めた言い方です。

私見ですが、かつて女性は主婦が大半でしたから、それをイメージさせる一家に絶対一つはあるココット鍋とか、雄鶏が守る雌鶏というところから来ていたのではないかと思います。今パートナーにこう呼びかける若い男性はあまりいないから、あながち見当外れでもないでしょう。

いずれにしても、フランスらしいと言えばらしいのですが、男性に対してより女性に対する愛情を込めた呼び方のほうが種類が多いようです。

また、息子や娘に対しても、名前だけでなく、オオカミちゃん、子猫ちゃんといった呼び方もします。猫は男の子に言うこともありますが、オオカミは女の子に使いません。オオカミは大人の男性に言うこともあるから、やはり強くて賢いイメージがあるのだと思います。

「お父さん」「お母さん」は親を呼ぶ時だけ

子供のいる夫婦やカップルは、基本的に名前で呼ぶことが多いですが、日本と違って互いを「お父さん」「お母さん」と呼ぶことは絶対にありません。

我が家であれば、オリヴィエが息子に「君のお母さんに聞いてみろ」とか、ペットの犬や猫に「お母さんからもらいなさい」と言うことがあっても、彼が私を直接「お母さん」と呼ぶことは絶対にありえません。私たちの会話の中で「お母さん」と言ったら、それは義母を指します。

同様に、私が息子に「あなたのお父さん」とか、犬や猫にオリヴィエのことを「パパ」と表現することはあります。でも、彼にそう呼びかけることは絶対にありません。これも私たちの会話の中で「パパ」と言ったら、彼のお父さん、義父を指すからです。

普通、私たちは名前で呼び合っていますが、たまに彼から「シェリー」なんて呼び掛けられると、こそばゆくもちょっといい気分になります。反対に私が彼をそう呼ぶのは、いまだに照れ臭く、なかなか自然にできません。

このように、フランスの男女間には、その関係と気分を表すのにふさわしい、愛情表現たっぷりのいろいろな呼び方があります。甘く呼び合うのは何も恋愛中とか新婚時に限りません。長年にわたって使います。

一緒に暮らしているのは愛情があってこそ。その愛情を常に表現するのがフランス人です。日本でもこれを見習って、少なくとも「お父さん」「お母さん」と夫婦で呼び合うのをやめたら、家の中でも何かが変わるかもしれませんね。

髪を染めるのをやめてみる

70歳になったら髪を染めるのはやめようかと思っていたら、結局それよりずっと前倒しでグレーというより、限りなくシルバーに近い髪になっています。

なぜ予定より早くしたかというと、夫に強く背中を押されたからでした。２０１９年のことで、髪を染めていた色が完全になくなるまで1年ほどかかりました。

翌２０２０年は、フランスでもコロナで2月から厳しい行動制限がありました。食料品や日用品を扱うお店以外は全部営業が禁止され、もちろん美容院もその中に入っていました。でも、私は染めるのをやめていたので困りませんでした。

髪を染めていた頃は、少し伸びると、伸びた部分と染めた部分が、まるで線を引いたようにくっきりと目立つことに非常なストレスを感じていました。

もちろん、自分で染める手もあります。でも肌に合う染料を探したり、染める手間を考えると、結局美容院でお金を払ったほうがカットも含めてきれいに仕上がります。だから月1回の出費は必要経費と考えていました。かといって、それ以上頻繁に美容院に行くわけにいかず、どうしても地毛と染めた毛の違いが目立ってしまったのです。

年齢なりの自然体で美しく

実はこれより10年近く前に、一度「髪を染めるのをやめようか」と家族に言ったことがあります。その時は夫も息子も、「どうしてもというなら一度脱色をして、違和感がなければそうすれば」と、賛成とも反対ともとれる反応でした。私も実際すぐにそうする気はなくそのまま時が過ぎました。

ところが、やがて夫が「髪を染めず、そのまま伸ばして後ろで結わえるのがシックだ」「そのほうが絶対に2、3歳若く見える」としきりに言いだしたのです。

最初は余計なお世話だと思っていたので取り合わずにいたら、「君は普段自分のことを鏡で見ていると思っているだろうけど、実際にしょっちゅう見ているのは僕だよ。見ている頻度がずっと高いのだから、僕の言うことは確かだ」とまで言われました。

そこまで言うかと思いましたが、確かに一日中客観的に私を見ている時間が長いのは彼です。

もともとは濃い目の栗色に染めていたのですが、だんだん顔の感じに反して、髪の色だけが不自然になっていたのは確かでした。白髪が作るくっきり線も嫌でしたが、その不自然さも意識の中にはありました。そのうえ夫に頻繁に促され、これ以上無視もできなくなり決心しました。でも、彼の意見を聞き入れて正解でした。

後で気付いたことですが、自分が染めるのをやめてから周りを見回してみたら、思っていたより多くの年配女性たちが自然のままの髪の色を楽しんでいました。無理やり若作りをしているのでなく、グレーやシルバーヘアーだと明るいはっきりした色が似合うし、普通にジーンズにスニーカーで闊歩していたりと、まったく違和感がありません。今では自分の心持ち次第なのだなと彼女たちを見習っています。

それにしてもフランス人男性は、妻やパートナーの髪型やファッションに口を出します。おせっかいと思うこともありますが、そうした批評をされるのは、関心があるからこそ。

フランス人女性がいつまでもおしゃれでセクシーなのは、身近な人の視線をいつも受けているから？　反対におせっかいが無くなったら要注意なのかもしれません。

いつまでも女、いつまでも男でいる

1921年、日本の年号だと大正10年生まれの義父は、孫である息子に暖炉の薪の運搬を頼んでも、私には絶対にさせませんでした。

義父が90歳になるかならないかという頃、パリに住むオリヴィエの兄を訪ねるのに、一人では心配だったので私が同行したことがあります。パリでバスに乗った時、空いた席があったので義父に座るよう促したところ、頑として座らず、むしろ私にその席に座るよう言ったくらいです。パリのバスは急ブレーキ、急発進とかなり乱暴ですから、気が気ではありませんでしたが、結局、そのままずっと立っていました。

生前、彼がレディファーストをないがしろにすることは絶対にありませんでした。この年代の男性の意識には、女性は守るものという感覚が根付いていたからです。

今はできるだけ男っぽさ、女っぽさを表さず、性別をつけない教育が推奨されていますし、フランスでは同性婚も公に認められています。20世紀前半までのモラルや教育とは大違いです。それでも、恋愛の本質や、その中でいつまでも女であり、男である点は今も変わりません。

いくつになっても相手を探すフランス人

オリヴィエが「これを読んでみて」と、私たちが暮らす地域一帯を対象としたコミュニティ新聞の出会い欄を見せてくれたことがあります。ビックリでした。キラキラした自己宣伝文句の数行がぎっしり並び、お相手求むとあったからです。年齢はみな50歳以上。中心は60代から75歳で、それ以上の人もいました。

テレビでは、50歳以上のシニアに特化した出会い系サイトの宣伝も見ます。出会いを求めているのは若者だけではありません。いくつになっても出会いを求め、諦めないことに感心します。

日本では20代、いやそれ以下でも若い女性がもてはやされますが、フランスはそうではありません。一般に30代ぐらいまではまだまだ経験不足の娘っ子です。40代以降の大人の女性のほうが注目されます。

また、日本の出会い系サイトは性的関係を求めるだけのことが多いようですが、こちらの場合はそれだけでなく全般的な生活を分かち合うパートナーとして、若い人というより同年代、あるいは近い人を求めます。会話すること、趣味を共にすること、一緒に旅行をすること……日々の潤いのために、良きパートナーとの出会いを求めているのです。ですから既婚者の参加はあり得ません。もともと独り身の人や、パートナーと別れたり死別した人たちです。

恋愛大国ですから、不倫や浮気はあります。でも、それが原因の事件は聞きません。ゼロではないと思いますが、そのために殺人でも起こらなければ話題になりません。

浮気が原因で別れる人たちもいれば、一時の気の迷いと許す場合もあります。ただし二人の間に愛情がなくなったと判断したら、すっぱり別れます。原因が何であれ、こうなったら子供も経済的なことも関係なく、迷うことなく関係を解消するのがフランス流です。

大統領も恋愛至上主義

「愛の国」と言われるフランスでは、大統領の男女間のすったもんだも、特に誰も気にしません。

２０１２年に第24代大統領に就任したフランソワ・オランド氏は、正式な結婚はしていませんでしたが、前に大統領候補にもなったセゴレーヌ・ロワイヤル女史と長く同棲し、4人の子をもうけました。２００７年に関係を解消した後、当選前後はジャーナリストのヴァレリー・トリールヴァイレールさんと暮らしていましたが、別の離婚歴のある女優さんとの関係が発覚し別れました。現在はその女性と結婚し、女の子が生まれています。

就任中、政策の成果ややり方に対して支持率の低下を招きましたが、私生活が影響したわけではありません。特にこうしたスキャンダルで総スカンを食うこともなく、むしろ「大統領が元気でいいじゃないか」といった男性たちの反応もあったくらいです。

オランド氏の前任だったサルコジ氏は、大統領就任前後に離婚し、その1年後に、当時41歳、それまであちこち浮名を流していた歌手でモデルのカーラ・ブルーニと再婚しました。彼女とサルコジ氏の年齢差は12歳ほどありました。サルコジ氏の場合も、こうした私事が週刊誌を中心に報道されることはあっても、そのことが直接政治家生命にかかわることはありませんでした。

さらには、20歳以上年上の高校時代の女性教師との恋愛を全うしたマクロン大統領のケースもあります。70歳になるファーストレディ、ブリジットさんのシックで若々しい姿には、多くの同世代女性が勇気をもらっているのは間違いありません。

また、日本だと平気で「おばあさん」「おじいさん」と他人に呼び掛けますが、呼び方には注意が必要です。フランスではお年寄りと言えど、そんなふうに呼びかけたら失礼です。会話の中で「あそこのおばあちゃん」とか「おじいちゃん」とは言っても、面と向かっては言いません。

知り合いなら名前だし、知らない人なら「マダム」「ムッシュー」と呼びかけます。私も「マダム」と呼ばれます。

一般的にフランス人は年を重ねても、恋愛はもちろん、身だしなみも含め、意識的にいつまでも女であり、男です。年齢で諦めない彼らを見ていると、それも大事な若さの秘訣なのだと思います。

おわりに

ブルターニュは義母の生まれ故郷であり、義理の両親が出会い、結婚した場所でもありました。そんなことから、夫のオリヴィエは子供の頃からブルターニュにバカンスに行っていて、馴染みの土地でした。私のほうは、この地方で家探しをするまでまったく縁がありませんでしたが、オリヴィエのたっての希望で2000年からブルターニュに住み始め、この土地と人々がどんどん好きになりました。

フランスと言えばパリ。多くの人にとってフランスの印象はパリそのものなのではないでしょうか。もちろんパリは洗練された最先端の町で、スピード感があって行き交う人もファッショナブルです。東京同様、世界中から一流品が集まり、文化的な刺激にも満ちています。だから、こだわり屋のフランス人はもちろん、世界中の人々を惹きつけます。

でも、仕事より人生を楽しむというフランス人の特性は、実はブルターニュのような田舎暮らしでこそ十分に発揮されるのだと感じるようになりました。ここで過ごす時間を重ねるうちに、美しい風景と庭に囲まれ、暮らしを楽しむブルターニュの魅力も、日本の皆さんに知ってもらえないだろうか。それも旅行ガイドではなく、何でもないけど豊かなこの暮らしを通して、フランスの素顔を紹介できたらという思いが膨らんでいきました。

この本で、飾らないフランス、普段着のフランス人など、読んでくださった方に等身大のフランスとブルターニュの豊かな地方性を感じていただけたら幸いです。そしてこの中にある普通の日々の工夫を、日本の日常生活にもちょっとしたスパイスを加えるように好きにチョイスして、ぜひ生かしていただけたら嬉しいです。

最後に、忙しい時は家事を引き受けてくれた夫のオリヴィエ、さらにいつか本になることを信じて応援してくれた日本とフランスの友人たちに、心からの感謝を。

そして、この本を読んでくださった皆さんにさらなる感謝を。本当にありがとうございました。いつかフランスに来ることがあったら、ぜひブルターニュにも立ち寄ってみてください。毎日を輝かせるフランス人の小さな工夫がきっと見つかると思います。

ケア・ウェラにて　シャルバーグ八千代

シャルバーグ八千代 Schalburg Yachiyo

1954年、東京生まれ。80年代より旅行ジャーナリストとして雑誌記事などを編集執筆。「地球の歩き方」タヒチ編、ギリシャ編は初版より担当。91年海外旅行専門の編集プロダクションを設立。95年にフランス人と結婚し、フランス領ポリネシア、通称タヒチで暮らす。2000年フランス北西のブルターニュ地方に移る。現在フランスの田舎暮らしを満喫しながらブログで発信中。
http://blog.livedoor.jp/yachiyo_s/

フランス・ブルターニュで見《み》つけた
お金《かね》をかけない豊《ゆた》かな暮《く》らし

2023年8月20日　第1刷発行

著者	シャルバーグ八千代《やちよ》
発行者	佐藤 靖
発行所	大和《だいわ》書房 東京都文京区関口1-33-4 電話 03-3203-4511
ブックデザイン	吉田憲司（TSUMASAKI）
本文イラスト	寺門朋代（TSUMASAKI）
編集協力	中村富美枝
本文印刷	萩原印刷
カバー印刷	歩プロセス
製本	ナショナル製本

ISBN978-4-479-78590-3

http://www.daiwashobo.co.jp